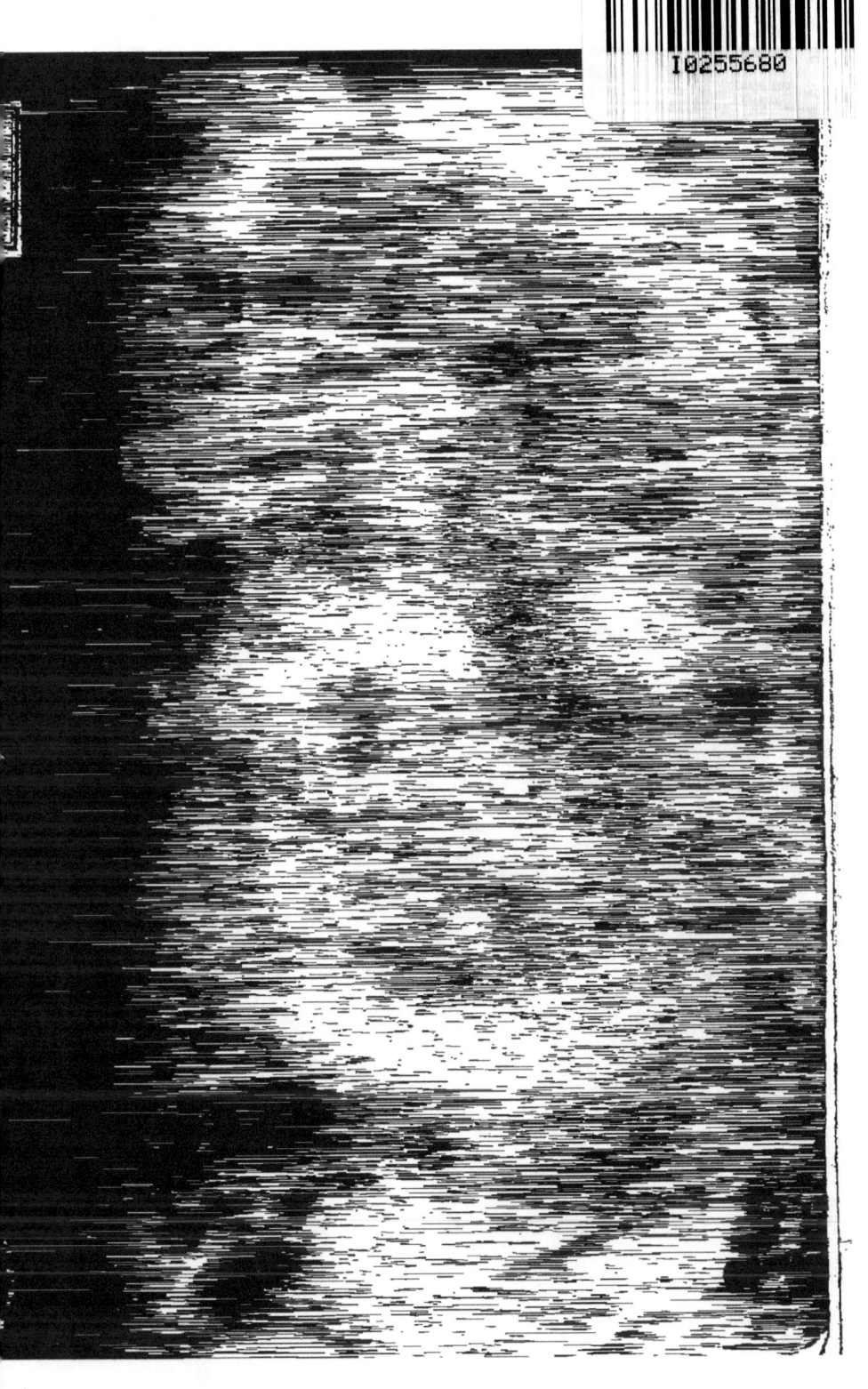

LE SALON
DES JEUX

(c)

LE SALON
DES JEUX

OU

RÈGLES ET DESCRIPTION DES JEUX DE CARTES

LES PLUS USITÉS DANS LA SOCIÉTÉ

DES JEUX DE COMBINAISON ET D'ADRESSE

TELS QUE

Les Échecs, les Dames, le Trictrac, les Dominos et le Billard

CONTENANT

Un Chapitre sur l'origine des Cartes et des Conseils aux Joueurs pour les mettre à l'abri des combinaisons frauduleuses au jeu

 **ORNÉ DE PLANCHES**

PARIS

J. LANGLUMÉ, LIBRAIRE

Rue des Poitevins, 2

1859

LE SALON DES JEUX

ORIGINE DES CARTES.

L'invention des cartes est généralement attribuée à Jacquemin Gringonneur, peintre qui vivait à la fin du xive siècle. Cependant on trouve les cartes mentionnées dans un poème français, datant de l'an 1328. Mais ce ne fut que sous Charles VII, qu'elles furent perfectionnées et reçurent les différents noms qu'elles portent aujourd'hui. David, le roi de pique, est l'emblême de Charles VII tourmenté par un fils rebelle (Louis XI), de même que David le fut par Absalon. Pallas, la dame de pique, figure Jeanne-d'Arc. Argine, la dame de trèfle, indique suffisamment Marie d'Anjou, femme de Charles VII, l'anagramme de ce nom étant regina (reine). La dame de carreau, est Agnès de Sorel. Judith, la reine de cœur, représente Isabeau de Bavière;

épouse de Charles VI, désigné lui-même par le roi de cœur. Quant aux rois de carreau et de trèfle, ils figurent les deux conquérants les plus célèbres de l'antiquité : César et Alexandre. Pour les quatre valets (varlets en vieux français), ceux de trèfle et de pique désignent Lancelot et Ogier ou Oger le danois, paladins et compagnons de Charlemagne. Les valets de cœur et de carreau, Lahire et Hector de Gallard, sont les généraux de Charles VII, qui contribuèrent à chasser les anglais de la France. Quant au reste de cartes, on a voulu figurer par le cœur, le courage, le pique et le carreau, les armes, le trèfle, les vivres, et les as, l'argent.

Règles générales applicables aux différents jeux de Cartes.

Avant de commencer à jouer, il faut vérifier si le jeu est complet. Les jeux neufs le sont ordinairement.

On débute par mêler les cartes, ce qu'il faut apprendre à faire avec prestesse et précision. Quand le jeu est mêlé, on le place devant son voisin de gauche en le priant de couper.

Celui-ci doit diviser le jeu en deux parties à peu près égales, posant la moitié de dessus sur le tapis en avant de l'autre et du côté de la personne qui lui a présenté le jeu à couper. Il faut bien se garder de jeter les yeux sur la carte en-dessous, ce serait une faute grave.

La personne qui a battu les cartes les distribue ensuite : ce qui s'appelle *faire* ou *donner*. On commence toujours par son voisin de droite et on finit par soi-même. Quand on donne les cartes, par deux ou par trois à la fois, il faut y mettre toute l'attention possible, afin de ne pas en donner plus ou moins. Si on pose les cartes distribuées sur le tapis, on doit prendre garde d'en retourner par maladresse ou par trop de précipitation, car cela donne lieu à des difficultés, il faut, ou mettre les cartes à l'écart, ou recommencer la donne, cela dépend des joueurs.

Pour la commodité des joueurs, il est bon d'avoir deux jeux ; cela est surtout utile dans des parties qui se succèdent rapidement, comme *l'écarté* ou le *rams* : pendant que l'un des joueurs s'apprête à distribuer, un autre rassemble les cartes du coup terminé ; mais il est indispensable que le revers de ces cartes soit différent, les uns blancs, et les autres *tarotés*.

Pour déterminer la personne qui donnera les cartes, on fait tirer une carte aux joueurs. Ordinairement si la charge de distribuer est avantageuse, on tire à la plus haute carte et à la plus basse, si elle est onéreuse. Quand on n'est que deux joueurs, chacun coupe à son tour et montre la carte retournée.

Dans la plupart des jeux, la donne finie, chacun arrange ses cartes par ordre de couleur et de valeur, avant que la première carte soit jouée, mais on doit avoir soin, en les disposant en éventail, de les tenir de manière à ce que les autres joueurs ne les voient pas. Un joueur délicat se trouve gêné lorsque, sans le vouloir, il a vu les cartes de son adversaire, il faut donc *poitriner* son jeu ; ce mot usité parmi les joueurs de cartes, n'a pas besoin de commentaire.

Les parieurs ont le droit de voir le jeu des joueurs, pour lesquels ils parient, mais il faut éviter de faire pressentir aux assistants, par aucun geste, par aucun mot ou par l'expression du visage, la valeur du jeu. Par la même raison, le parieur d'un côté ne doit pas regarder du côté opposé.

On place près de soi les levées à mesure

qu'on les fait. On peut en général les consulter, mais il ne faut pas toucher à celles de l'adversaire et prendre garde d'y mêler les siennes.

On doit éviter autant que possible de faire ce qu'on appelle *Charlemagne*, c'est-à-dire d'abandonner brusquement le jeu après avoir gagné plusieurs parties, mais on peut quitter après la première partie perdue, à moins cependant, que forcé de s'absenter, on n'ait remis son jeu à un autre.

La politesse veut qu'on prie les personnes les plus âgées d'entre les joueurs de fixer le taux du jeu. S'il y a des dames, c'est à elles qu'on s'adresse.

Il est sans doute inutile de dire, qu'il faut jouer avec calme, et éviter de montrer de l'humeur quand on perd, ou une joie déplacée lorsqu'on gagne, et surtout se garder de ramasser son gain avec un empressement ou une avidité de mauvais ton.

Lorsqu'on quitte un salon où l'on joue, on doit le faire à petit bruit et sans saluer les joueurs, afin de ne pas les distraire.

Des différentes espèces de jeux de Cartes.

On peut diviser en deux classes principales les jeux de cartes. La première classe renferme les *jeux mixtes*, c'est-à-dire, ceux dans lesquels le hasard et les combinaisons de l'esprit jouent tous les deux un rôle plus ou moins important. La seconde classe est composée de jeux de pur hasard, l'esprit, l'intelligence n'y sont pour rien, et les calculs les plus savants sur les probabilités ne peuvent que mener à sa ruine, celui qui se livre sans frein à la passion du jeu, lorsque toutefois il est assez imprudent pour hanter les maisons de jeu où le banquier a un avantage réel sur le joueur.

Parmi les jeux de la première catégorie, il en est où le talent et la perspicacité du joueur peuvent, jusqu'à un certain point, neutraliser l'influence du hasard, tels sont, le *Piquet*, le *Whist*, le *Boston*, etc. Chez d'autres l'influence du hasard l'emporte souvent sur le talent du joueur, comme dans la *Bouillote* et l'*Écarté*.

Quant aux jeux de hasard proprement dits, jeux prohibés d'ailleurs et qu'on ne devrait jamais jouer dans les maisons bien tenues, nous citerons, le *Baccarat*, le *Brelan*, le *Biribi*, l'*ancien Lansquenet*, le *Pharaon*, le *Trente* et *Quarante*, etc.

CONSEILS AUX JOUEURS

Pour les mettre à l'abri des combinaisons frauduleuses aux Jeux de Cartes.

Un jeune homme de bonne famille, mais qui malheureusement s'étant adonné au jeu, fréquentait les dangereuses maisons où l'on joue les jeux de hasard que prohibe la loi et l'opinion publique ; ce jeune homme, disons-nous, rencontra l'un de nos amis, professeur de physique amusante, prestidigitateur habile et non moins recommandable par ses connaissances étendues que par ses vertus privées.

Mon cher Monsieur, lui dit-il, j'ai recours à vous, je sais que vous allez me blâmer, mais je vous avouerai que j'ai été dans une maison où je n'aurais jamais dû mettre les pieds. Depuis plusieurs jours, j'y gagnais constamment, mais seulement des sommes minimes, car je jouais petit jeu. Hier encouragé par mon succès j'y allai les poches bien garnies et dans l'intention de profiter jusqu'au bout de cette heureuse veine, mais la chance tourna subitement et je perdis tout l'argent que j'avais apporté. Toutefois, je soupçonne qu'il ne m'a pas été gagné loyalement. Vous qui avez tant d'expérience, de perspicacité, et qui connaissez si bien les ruses et les fraudes employées par certains joueurs, ne pourriez-vous pas m'accompagner dans ce tripot? Je ne jouerai pas, car hier on m'en a ôté la possibilité ; nous serons là simples spectateurs et vous me direz ce que vous pensez de la loyauté des joueurs.

Je vois, mon pauvre N..., que vous êtes tombé au milieu de quelque bande de *grecs* (1), lui dit M. D..., sachez que ces chevaliers d'industrie se mettent quelquefois une douzaine pour égorger une victime et pour partager les dépouilles de celui qui tombe dans leurs filets. L'un se lie d'amitié avec les garçons de l'académie et les soudoie pour substituer des cartes marquées aux cartes ordinaires ; un autre a pour occupation

(1) Fripons qui font le métier de tromper aux jeux.

d'inventer de nouveaux piéges, et d'amener des dupes en les leurant de belles promesses; un troisième fabrique toutes sortes de cartes qu'on peut reconnaître à l'œil et au tact; il en fait de rétrécies ou de raccourcies en les rognant d'un côté, de rudes en les frottant de colophane ; de rembrunies avec de la mine de plomb, et de glissantes avec du savon ou de la poudre de talc; un autre s'exerce continuellement à faire sauter la coupe, à faire des faux mélanges et à filer la carte, c'est-à-dire à donner adroitement la seconde ou la troisième au lieu de la première, quand il s'aperçoit, par une marque extérieure de celle-ci, quelle serait assez bonne pour faire beau jeu à celui dont on a conjuré la ruine.

Celui-ci se place constamment vis-à-vis son confrère derrière le joueur dupé, pour faire le service. Expert dans l'art des signaux, il change à chaque instant les différentes positions de ses doigts, pour faire connaître à son complice les cartes que celui-ci n'a pu distinguer au tact et à la vue. Celui-là, *tirant la bécassine* (1), s'associe avec

(1) Attirer une personne sans expérience dans le tripot où l'on doit la dépouiller.

un nouveau débarqué, fait avec lui bourse commune; joue contre un troisième, avec lequel il est d'intelligence, perd tout son argent en affectant de paraître au désespoir, et se réjouit secrètement de la bonne part qui doit lui revenir. Enfin il y en a un qui fait l'office de *contrôleur*, en tenant registre de tout l'argent que les *receveurs* mettent dans leur poche, pour les empêcher d'en escamoter une partie à leur profit, et les obliger par là d'en rendre un compte fidèle à la compagnie.

Cependant, mon cher N..., quelque répugnance que j'aie d'entrer dans de semblables maisons, je vous y accompagnerai, heureux si je puis vous pénétrer de l'horreur que m'inspire la passion du jeu, ainsi que les misérables qui en profitent pour dépouiller leurs victimes par des moyens frauduleux. N... étant connu nous entrâmes sans difficulté dans ce repaire.

Au premier coup-d'œil, je fus frappé du contraste que présentaient les individus que j'y vis. A Bade, le cercle de jeu est formé de personnes paraissant appartenir par leur ton et leurs manières, aux classes élevées de la société, car les chevaliers d'industrie qui s'y trouvaient mêlés imitaient assez bien le ton de la bonne compagnie pour qu'on s'y méprît ; mais ici tous les rangs étaient confondus ; on y voyait des jeunes gens faisant les premiers pas dans la carrière du vice ; des femmes à la mise élégante, aux manières distinguées, véritables syrènes chargées d'attirer les imprudents dans cet antre de perdition; quelques commerçants qui s'imaginaient abréger ainsi la route qui mène à la fortune ou qui, plus souvent ruinés et sans crédit, espéraient se relever par un coup de désespéré, oubliant, malgré tant de funestes exemples, que cette route est celle du bagne et du suicide.

Enfin on y voyait de petits employés voulant arrondir leurs maigres appointements et des gens à gages venant peut-être y risquer la recette qu'ils avaient été chargé de faire. Mon introducteur me disait tout bas le nom et l'état des personnes qui composaient l'assemblée. Voilà deux riches étrangers, l'un est un comte russe et l'autre un attaché d'ambassade. Quelle fut ma surprise, lorsque je m'aperçus qu'un de ces prétendus personnages n'était autre chose qu'un faiseur de tours : c'était le fameux P... que j'avais vu à Bade, et qui étalait fastueusement son or et ses bijoux. Voilà, sans doute, dis-je à N., celui qui vous a gagné tout votre argent. Il me répondit, que ce comte, loin de gagner quelque chose, perdait chaque jour très-galamment une quarantaine de louis. Étant bien persuadé qu'un escamoteur ne va pas dans une académie de jeux pour s'y laisser attraper, je pensai qu'il devait y avoir là-dessous quelque ruse nouvelle, dont je n'avais peut-être jamais eu l'idée. Je résolus, en conséquence, d'observer P..., et je m'approchai de lui, en tenant négligemment ma main et mon mouchoir sur mon visage pour qu'il ne me reconnût point ; je remarquai d'abord que lorsqu'il donnait les cartes, l'un des joueurs avait un petit brelan ; mais qu'il y avait quelquefois un brelan plus fort dans les mains d'un autre joueur, dont la physionomie ne me parut pas inconnue. Je me rappelai que j'avais vu ce dernier à Bade, servir à P.... de domestique, d'ami et de compère. Je soupçonnai, dès ce moment, que P... faisait adroitement gagner son compère et qu'il affectait de perdre lui-même, pour qu'on ne le soupçonnât point de mauvaise foi ; que le compère, pour éviter les mêmes soupçons sur son compte, ne mêlait jamais les cartes et les faisait toujours mêler par autrui, et qu'enfin P... et son associé faisaient semblant de ne pas se connaître, pour qu'on ne les accusât point d'être d'intelligence. Il me restait à découvrir le moyen qu'employait P... pour donner à son gré, bon ou mauvais jeu à différents joueurs. Cette découverte ne me parut pas bien facile, quand je vis qu'il ne substituait pas un second jeu de cartes, et qu'avant de mêler lui-même, il avait toujours soin de faire mêler par d'autres, cependant je finis par m'apercevoir qu'avant de faire mêler par les autres joueurs, il retenait cinq à six cartes dans sa main droite, et qu'en reprenant le jeu pour mêler à son tour, il les plaçait adroitement par-dessus, et leur donnait ensuite en un clin-d'œil, l'arrangement nécessaire pour faire gagner son complice.

On me dira peut-être que P... ne pouvait guère retenir cinq à six cartes dans sa main, sans être remarqué. Il est vrai que l'on aurait pu à la rigueur s'en apercevoir, si l'on avait su comme moi, que c'était un faiseur de tours, qu'il était là avec son compère, et si la crainte et la timidité avaient paru sur son front, ou encore s'il eût fait ses faux mélanges avec la maladresse d'un homme nouvellement initié ; mais l'aisance et la facilité qu'on voyait dans ses manières, l'indifférence avec laquelle il perdait son argent, la naïveté de ses discours et surtout la richesse de son costume, tout concourait à bannir les soupçons, tandis que son air de bravoure annonçait qu'il faudrait se couper la gorge avec lui si on osait lui faire le moindre reproche.

Aussitôt qu'il tenait les cinq cartes de réserve, il appuyait négligemment la main sur le bord de la table ; et comme cette attitude aurait pu paraître gênée, si elle avait duré longtemps, il la quittait bientôt pour gesticuler de différentes manières, observant cependant dans tous ses gestes, de tourner le dessous de la main vers la terre, pour ne pas laisser voir les cartes retenues : tantôt il appuyait familièrement sa main droite sur le bras gauche de son voisin, en l'invitant poliment à mêler les cartes lui-même ; tantôt il portait sa main à son côté, tandis qu'il appuyait sa main gauche sur son front, en demandant si c'était à lui à donner ; tout le monde, trompé par la naïveté de cette question, répondait qu'oui, croyant qu'il n'en savait rien, et c'était une raison de plus, pour ne pas soupçonner les préparatifs qu'il venait de faire pour arranger le jeu.

Aussitôt qu'il avait donné aux cartes l'arrangement projeté, il ajoutait une circonstance qui complétait l'illusion, il faisait un faux mélange en coupant les cartes en plusieurs petits paquets, et ensuite il les remettait toutes à leur même place ou les arrangeait, quoiqu'il parût les embrouiller de vingt manières. La promptitude et l'irrégularité de ses mouvements, semblaient destinées au premier abord, à produire le désordre et la confusion dans toutes les cartes, mais c'était tout le contraire, car, par ce stratagème, les cartes conservent leur arrangement primitif, ou prennent une combinaison projetée pour enrichir P... en faisant la ruine et le désespoir de ceux qui ont l'imprudence de jouer avec lui.

Comme j'étais sur le point de sortir, N... me pria de lui faire part de mes observations; mais je lui répondis que je ne voulais pas m'attirer une mauvaise affaire, en faisan croire que j'étais venu dans cet endroit en qualité d'espion ou de délateur, en déposant des faits sur lesquels il se présenterait peut-être un grand nombre de contradicteurs; mais je ne le quittai pas sans lui faire pressentir qu'il avait été la dupe d'une bande d'escrocs et sans lui peindre avec énergie les suites affreuses de la passion du jeu et l'abîme où elle finit toujours par nous précipiter. Enfin, j'obtins de lui la promesse qu'il ne mettrait plus les pieds dans ce tripot.

LE PIQUET.

De tous les jeux de cartes, le Piquet est celui qui est le plus généralement adopté en France, et il le mérite à bien des égards, car il réunit dans une juste mesure les émotions qui accompagnent les jeux de hasard et les combinaisons du calcul. Dans ce jeu, les péripéties se succèdent d'une manière piquante, et tel qui se croit près d'atteindre le but et de gagner la partie, la perd par un coup imprévu.

On joue le Piquet ordinaire à deux, il y a aussi le Piquet à trois et à quatre personnes, mais ce sont des variétés de ce jeu présentant diverses modifications; nous en parlerons plus loin.

On emploie pour le Piquet un jeu de trente-deux cartes, d'où il résulte que l'on donne le nom de Piquet à cette collection de trente-deux cartes, bien qu'on l'emploie à d'autres jeux, tels que l'Écarté, le Besigue, etc.

Voici la valeur relative des cartes qui composent le jeu du Piquet : les quatre as valent chacun onze, les quatre rois se comptent chacun pour dix, de même que les quatre dames, les quatre valets et les quatre dix, mais les rois sont supérieurs aux dames, les dames aux valets et les valets aux dix.

Viennent ensuite les neuf, les huit et les sept, dont la valeur est indiquée par leur dénomination.

Une règle générale à ce jeu est que pour qu'une carte plus forte en prenne une plus faible, il faut qu'elle soit de même couleur.

On convient d'abord de ce qu'on mettra au jeu, ensuite du nombre de points dont se compose la partie. On ne la joue guère en moins de cent, c'est même le nombre qu'on choisit le plus souvent. Cependant on peut convenir que la partie sera en cent-vingt, cent-cinquante, deux cents même, etc.

On marque les points soit avec des jetons, soit au moyen d'une carte coupée sur les quatre faces. Sur l'un des grands côtés, quatre languettes formées par autant de coupures, sont destinées à indiquer les unités, une coupure angulaire du même côté, mais partant du bout de la carte vaut cinq. Quatre languettes du côté opposé, représentent autant de dizaines. Le cinquante est figuré par une dernière languette partant du bout de la carte opposé à celui où on a indiqué le cinq.

Au reste, voici la disposition de ces coupures, qui ne forment que quatre-vingt-dix-neuf points, après lesquels le premier coup gagné complète le gain de la partie en cent points :

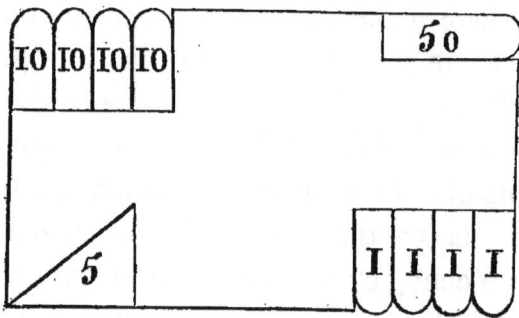

On tire ensuite à qui fera le premier, celui auquel tombe la plus basse carte, donnera les cartes, ce qui est d'abord un désavantage, mais au coup suivant ce sera l'adversaire qui donnera et ainsi de suite.

Le donneur bat les cartes et puis les présente à couper à son adversaire qui a le droit de mêler à son tour, alors celui à qui appartient la *donne* les mêle de nouveau et les présente une seconde fois à couper. Mais remarquons que cette répétition a d'autant plus rarement lieu, qu'elle semble impliquer une idée de défiance de la part de l'adversaire.

La coupe n'est pas valable, lorsqu'on ne coupe qu'une seule carte ou qu'on les éparpille maladroitement. On recommence alors le mélange et la coupe.

Le nombre de cartes à donner à chaque joueur, est de douze. On peut les distribuer par deux ou par trois à son choix, mais jamais par une ni par quatre. Si après avoir distribué les cartes pendant un ou plusieurs coups, suivant l'un de ces deux nombres, dans le cours de la partie, on veut changer à la partie suivante, on ne doit le faire qu'après avoir prévenu son adversaire que l'on donnera par deux ou par trois.

Lorsque le donneur a distribué alternativement les vingt-quatre cartes à la partie adverse lui-même, il lui restera en main huit cartes, formant ce que l'on appelle le *talon*. Il en prend cinq qu'il place en croix sur les trois autres et dépose le tout sur le tapis.

Bien des joueurs laissent en un seul tas les huit cartes du talon; c'est un tort, car celui des joueurs à qui appartient le droit de prendre les cinq cartes, peut en tâtonnant, pour ne prendre que ce qui lui appartient, retourner maladroitement une ou plusieurs cartes de ce talon, tandis que celui qui fait la donne les divise facilement en deux tas, vu qu'il tient le restant du jeu dans sa main.

Lorsque le donneur se trompe et distribue treize cartes au lieu de douze, soit qu'il les prenne pour lui ou les donne à son adversaire, celui-ci a le droit de s'y tenir ou d'exiger le refait. S'il s'y tient, il ne doit prendre au talon que quatre cartes au lieu de cinq, vu que ce talon ne se compose plus que de sept cartes, il faut en laisser trois au donneur; et si c'est ce dernier qui a treize cartes, il doit en écarter trois, et ne prendre que les deux qui sont au talon. S'il donnait quatorze cartes, le refait serait obligatoire.

Il faut également refaire, si au talon il y a une carte retournée, pourvu que cette carte soit la première des cinq ou la première des trois qui viennent ensuite. Si cette carte retournée se trouve au-dessous des premières dont nous parlons, le coup est bon, parce qu'elle n'a pu être vue ni par l'un ni par l'autre des joueurs.

Il ne faut point mêler son écart à celui de son adversaire, d'ailleurs, il est souvent utile de le consulter pour revoir les cartes qu'on a écartées, afin de diriger son jeu, tandis que s'il était mêlé à l'autre écart qu'on n'a pas le droit de voir, on ne pourrait plus y toucher.

Le premier en jeu ne peut dans aucun cas, prendre plus de cinq cartes, mais il lui est loisible d'en laisser, pourvu qu'il en prenne au moins une. De plus, il a le droit de regarder les cartes qu'il laisse. Toutefois son adversaire peut partager ce droit et voir les cartes, pourvu qu'il dise avant de jouer : *je jouerai de telle couleur.*

Le premier en cartes ayant laissé trois ou quatre cartes à son adversaire, si celui-ci ne veut pas prendre toutes les cartes du talon, il est toujours obligé de prendre en premier les cartes qu'on lui a abandonnées, et de ne laisser que les dernières. Il a, de même que le premier en cartes, la faculté d'en laisser plus ou moins, pourvu qu'il en prenne au moins une; de plus, il peut regarder celles qu'il laisse.

Un bon joueur se ménage toujours la facilité de faire le point avant tout; car on ne peut arriver au *soixante* et au *quatre-vingt-dix*, sans avoir un point supérieur à celui de son adversaire.

C'est de la manière de faire son écart que dépend souvent le gain d'une partie; en effet, il faut calculer avec soin, en rejetant telle ou telle carte de votre jeu, les chances que vous aurez de faire des *séquences*, c'est-à-dire des *tierces*, des *quatrièmes*, des *quintes*, des *sixièmes* (1), *septièmes*, *huitièmes* et *quatorze* de figure, d'as ou de dix.

---

(1) A Paris, on est dans l'usage de désigner les *sixièmes*, *septièmes* et *huitièmes*, par le nombre de

Tierces. Les tierces, de même que les quatrièmes, quintes, seizièmes, etc., sont des cartes qui se suivent et qui doivent être de la même couleur, soit en cœur, carreau, pique ou trèfle.

Il y a six espèces de tierces.

La tierce majeure : as, roi et dame.

La tierce au roi : roi, dame, valet.

La tierce à la dame : dame, valet, dix.

La tierce au valet : valet, dix, neuf.

La tierce au dix : dix, neuf, huit.

La tierce au neuf ou tierce basse : neuf, huit, sept.

Une tierce, lorsqu'elle est bonne, comme nous le dirons plus bas, compte pour trois points.

Quatrième. Il y a cinq espèces de quatrième.

La quatrième majeure se compose d'un as, d'un roi, d'une dame et d'un valet.

La quatrième au roi : un roi, une dame, un valet et un dix.

points qu'elles procurent ; en conséquence on les désigne sous les noms de *seizièmes*, *dix-septièmes* et *dix-huitièmes*.

La quatrième à la dame : dame, valet, dix, neuf.

La quatrième au valet : valet, dix, neuf, huit.

La quatrième au dix : dix, neuf, huit, sept.

La quatrième reconnue, vaut quatre points.

Quinte. Il y a quatre sortes de quintes ou cinquièmes.

Quinte majeure : as, roi, dame, valet, dix.

Quinte au roi : roi, dame, valet, dix, neuf.

Quinte à la dame : dame, valet, dix, neuf, huit.

Quinte au valet : valet, dix, neuf, huit, sept.

Une quinte bonne, compte pour quinze points.

Seizième ou *sixième*. Il y a trois espèces de seizièmes :

Seizième majeure : as, roi, dame, valet, dix et neuf.

Seizième au roi : roi, dame, valet, dix, neuf et huit.

Seizième à la dame : dame, valet, dix, neuf, huit et sept.

Une seizième vaut seize points.

Dix-septième ou *septième*. On n'en peut faire que de deux espèces.

Dix-septième majeure : as, roi, dame, valet, dix, neuf et huit.

Dix-septième au roi : roi, dame, valet, dix, neuf, huit et sept.

La dix-septième donne dix-sept points.

Dix-huitième ou *huitième*. Une dix-huitième se compose des huit cartes d'une même couleur, depuis l'as jusqu'au sept.

La dix-huitième, vaut dix-huit points.

Une tierce, une quatrième, une quinte, une seizième et même une dix-septième, peuvent ne rien valoir, si l'adversaire a un point plus élevé.

Par exemple, celui qui aura une tierce, une quatrième ou une quinte, etc., ne les comptera pas si son adversaire a montré une sixième ou une septième.

Une tierce au roi, ne comptera également rien en présence d'une tierce majeure; une quinte à la dame, vis-à-vis d'une quinte au roi, etc.

Une tierce, une quatrième, une quinte, etc., plus haute dans la main d'un des joueurs, annule toutes celles de son adversaire et, ce qui est important à noter, à la faveur de cette tierce ou quatrième reconnue bonne, il fera passer ses moindres tierces, ses quatrièmes inférieures.

Enfin, deux séquences semblables dans la main des joueurs, s'annulent réciproquement; par exemple, Jean ne comptera pas une quinte qu'il aura dans son jeu, si une autre de même valeur se trouve dans la main de Jacques, son adversaire, celle-ci se trouvant d'ailleurs également nulle.

Des quatorze. On nomme ainsi le brelan carré, de quatre as, quatre rois, quatre dames, quatre valets ou quatre dix. Le quatorze compte pour quatorze points. Si l'adversaire a un quatorze supérieur, par exemple, un quatorze d'as, quand son adversaire n'aura qu'un quatorze de rois, celui-ci ne comptera pas.

Trois as, trois rois, trois dames, trois valets ou trois dix, comptent pour trois points, pourvu que l'adversaire n'ait pas un brelan plus fort, soit par le nombre, soit par la valeur des cartes.

Un quatorze rendra valable trois cartes pareilles qu'on aura en même temps; par exemple, à la faveur d'un quatorze d'as, de rois, de dames, etc., on pourra compter les trois dix qu'on a en main, quoique l'adversaire ait trois valets.

Manière de compter son jeu.

Chacun des joueurs ayant assorti ses cartes et classé celles du talon, ils examinent quelle est la couleur dont ils ont le plus pour former le *point*. Ainsi, supposons que le premier en cartes ait six piques, tels que le roi, la dame, le valet, le dix, le neuf et le huit, il dira : six cartes, quarante-sept. Si l'adversaire a moins de points, soit en cœur, carreau ou trèfle, il répondra : *c'est bon ;* l'on comptera donc six points. Si, au contraire, cet adversaire a un point plus fort, il dira : *ne vaut pas* et marquera lui-même le point.

Le premier en cartes, ayant examiné s'il a des tierces, quatrièmes ou autres séquences, un quatorze, ou trois as, trois rois, etc., il les annonce ; si elles sont déclarées bonnes, il les montrera en les mettant sur le tapis ; dans le cas contraire, il les gardera dans son jeu.

Le second en cartes annoncera également le quatorze qu'il pourrait avoir, ou encore les trois cartes pareilles (trois as, trois rois, trois dames, trois valets ou trois dix) qui se trouveraient dans son jeu ; mais il n'est pas obligé de les montrer.

Lorsque le premier en cartes a toutes ses cartes blanches, c'est-à-dire absence de figures, il les annonce avant d'écarter, et dit à son adversaire : *Vous écarterez sur dix de cartes blanches ;* mais il ne les montre que lorsque celui-ci a mis ses trois cartes d'écart de côté.

De même, le premier en cartes ne doit pas les voir avant d'avoir fait son écart.

Toutes cartes blanches annoncées annulent le coup de soixante et de quatre-vingt-dix, et on ne peut alors compter que la valeur juste de ses points.

Voici un exemple de la manière de compter ses points. Le premier au jeu dit :

Six cartes.
Combien valent-elles ?
Quarante-six.   6
C'est bon.
Une quatrième majeure ?   4
C'est bon (l'on montre la séquence).
Trois as (on ne les montre pas) ?   3
C'est encore bon.
Et trois dames (on ne les montre pas) ?   3
                                             ——
                                             16

LE PIQUET.

On retient dans sa mémoire seize points et et l'on joue dix-sept, en jetant une carte sur le tapis.

Le premier joueur ayant ainsi compté ce qu'il a dans son jeu, sans que le second ait fait d'observation, il joue; et le second, avant d'avoir couvert la carte, compte tout ce qu'il a de bon dans son jeu, puis il jette dessus une carte qui doit-être de la même couleur, s'il en a, ou de toute autre couleur s'il n'en a pas. Si la carte de même couleur est plus forte, il fera la levée et jouera à son tour. S'il ne fait point la levée, parce que sa carte est plus faible ou n'est pas de la couleur demandée, le premier en cartes continuera à jouer. Il est à remarquer qu'une fois la carte jouée, le premier ne peut revenir sur ce qu'il a compté, si par hasard il avait oublié quelque chose.

Celui qui obtient la dernière levée compte deux points, puis chacun compte ses levées.

Celui qui en possède le plus, a les cartes et ajoute dix points à ceux qu'il a déjà.

Lorsque de part et d'autre, le nombre de levées est égal, on ne compte rien.

Quand une partie est terminée et qu'on veut continuer à jouer, on tire à qui fera ; à moins qu'il ne soit convenu, au commencement de la première partie, que la main suivrait.

Parlons actuellement de trois sortes de hasards qui existent dans le jeu de piquet, et qui déterminent souvent le gain de la partie, c'est le *pic*, le *repic* et le *capot*.

Le *pic* a lieu lorsqu'on a compté un certain nombre de points, sans que l'adversaire ait pu rien compter, et qu'en suivant le jeu on va jusqu'à trente, alors on compte *soixante*. C'est ce qu'à Paris et dans une grande partie de la France, on appelle *soixanter*. On continue ensuite à marquer les points que l'on fait.

On comprend que pour soixanter, il faut être le premier en cartes, sans cela, l'adversaire possédant l'initiative, comptera *un* en jouant la première carte, et cela suffit pour empêcher le pic. Il est essentiel de jouer une carte marquante, c'est-à-dire de l'as au dix inclusivement, pour compter soixante, si l'on est arrivé à trente sans obstacle. Si, au contraire, le premier en cartes ne joue pas une carte marquante, et qu'il n'ait rien à compter dans son jeu, l'adversaire, comptant jusqu'à trente points, pourra dire soixante.

Le *repic* a lieu toutes les fois que dans son jeu on compte trente points, sans que l'adversaire ait rien à compter dans le sien. Alors au lieu de trente on compte *quatre-vingt-dix*, en y ajoutant, s'il y a lieu, les points qui dépasseraient trente.

Enfin, lorsqu'un des deux joueurs fait à lui seul toutes les levées, il fait son adversaire *capot*, et compte *quarante points*. Mais alors on ne compte pas les dix points du gain des cartes, et on ne marque qu'un seul point pour la dernière levée, comme nous l'avons dit plus haut. Un joueur peut faire *cent soixante-neuf* points d'emblée; c'est ce qui s'appelle le *grand coup*. Voici comment : supposons qu'il ait quatre tierces majeures dans la main; le point se trouvant bon, il dira : 3 du point, 12 de tierces et 42 de trois quatorze font 57. Ayant déjà au delà de 30 points, sans que l'adversaire ait rien compté, il fait le *repic*, ce qui porte son point à 117; ajoutons 12 de cartes et le *capot* qui a nécessairement lieu, et nous trouverons 169.

Voici l'ordre dans lequel on doit déclarer son jeu : 1° Les cartes blanches, lorsque les douze cartes ne renferment aucune figure. Les dix de blanches se comptent de suite. Si c'est le premier en cartes qui les a, il dit à son adversaire : *Ecartez sur dix de blanches;* mais si c'est le second, il doit les montrer de suite.

2° Le point, c'est-à-dire le nombre de points que valent les cartes d'une même couleur.

3° Les séquences, tierces, quatrièmes, etc.

4° Les quatorzes.

5° Les réunions de trois cartes pareilles, as, rois, dames, valets, dix. Puis on commence à jouer.

Nous espérons avoir clairement expliqué la marche du piquet, mais il est nécessaire de connaître les règles suivantes, qui s'appliquent à toutes les difficultés que les commençants pourraient rencontrer.

Règles du jeu de Piquet.

1° S'il arrivait que le jeu de cartes se rencontrât faux ; c'est-à-dire qu'il y eut deux cartes pareilles, une carte de plus ou de moins, le coup seulement serait nul; les précédents s'il y en avait de joués, demeureraient bons.

2° Si, en donnant les cartes, il s'en trouve une retournée, il faut rebattre, et recommencer à couper et à donner.

3° Le joueur qui prend plus de cartes qu'il n'en a écarté, ou se trouve en jouant en avoir plus qu'il ne faut, ne compte rien du tout, ce qui s'appelle *compter à la muette*, et ne peut empêcher son adversaire de compter tout ce qu'il a dans son jeu, soit que l'on continue, soit que l'on refasse. Si le nombre de cartes n'excède pas treize, cet adversaire est en droit d'exiger le refait, s'il le trouve favorable à son jeu; mais lorsqu'il y a plus de treize cartes, on refait nécessairement. (*Voyez page 24 le paragraphe relatif à la mal-donne.*)

4° Celui qui prend moins de cartes, ou s'en trouve moins, peut compter tout ce qu'il a dans son jeu. Il n'y a, en effet, point de faute à jouer avec moins de cartes, mais son adversaire compte toujours la dernière, attendu qu'il ne fournit point, et que, par conséquent, il ne saurait être capot; au lieu que celui qui a le moins de cartes le serait, si son adversaire faisait les onze premières levées, car il n'aurait pas de quoi fournir à la douzième.

5° Celui qui, ayant jeté sa carte, a oublié de compter dix de cartes blanches, le point, les as, rois, dames, etc., qu'il a dans son jeu, et qui seraient bonnes, n'est plus reçu à les compter après, tout cet avantage devient nul pour lui, et l'adversaire peut compter ce qu'il a dans son jeu, ses points fussent-ils même inférieurs à ceux qu'on a oublié d'accuser.

6° Lorsqu'avant de jouer la première carte, on ne montre pas le point qu'on a de plus que son adversaire, ou quelque tierce, quatrième, etc., on ne peut plus y revenir, et on les perd. En ce cas, le premier à qui l'on aurait dit que son point ne vaut pas ou ses tierces, etc., est en droit, pourvu qu'il ne joue pas sa seconde carte, de compter son jeu.

7° Il n'est pas permis d'écarter par deux fois, c'est-à-dire que, du moment qu'on a touché le talon, après avoir écarté le nombre de cartes qu'on a jugé à propos, on ne peut plus les reprendre, cette loi est absolue pour les deux joueurs.

8° Il n'est permis à aucun des deux joueurs, de regarder les cartes qu'il doit prendre avant d'écarter.

9° Lorsque celui qui a la main, ne prend pas ses cinq cartes du talon, il doit dire à son adversaire : je n'en prends que tant, ou j'en laisse tant.

10° Celui qui a écarté moins de cartes qu'il n'en prend, et s'aperçoit de son erreur avant d'en avoir retourné aucune, ou de les avoir placées sur les siennes, peut remettre ce qu'il a de trop, sans encourir aucune peine, pourvu néanmoins que son adversaire n'ait point pris les siennes; car, s'il les avait prises et vues, il serait loisible à celui-ci de jouer le coup ou de refaire ; et, si le coup se joue, la carte de trop sera mise à l'écart après avoir été vue des deux joueurs.

11° Si celui qui donne deux fois de suite, reconnaît sa faute avant d'avoir vu aucune de ses cartes, son adversaire sera obligé de refaire, encore même qu'il ait vu son jeu.

12° Quand le premier ayant accusé son

point, et ce qu'il voit à compter dans son jeu, s'aperçoit en examinant mieux, après qu'on lui a répondu *bon*, qu'il a oublié quelque chose, il est reçu de compter tout ce qu'il a de bon, pourvu qu'il n'ait encore rien joué, cela donne lieu à effacer en tout ou en partie ce que l'adversaire aurait déjà compté, bien que celui-ci ait commencé à jouer.

Cette règle n'est pas admise par tous les joueurs; beaucoup prétendent qu'il faut s'en tenir au point accusé.

14° Celui qui, pouvant avoir quatorze d'as, de rois, de dames, de valets ou dix, écarte un de ceux-là, et n'accuse, par conséquent, que trois as, trois rois, trois dames, trois valets ou trois dix, est obligé, si on lui dit qu'ils sont bons, de dire à son adversaire laquelle de ces cartes lui manque, pourvu que celui-ci en fasse de suite la demande après avoir joué la première carte de son jeu.

13° Celui qui accuse à faux, en annonçant des as, rois, dames, etc., qu'il pourrait avoir, mais que son écart lui a ôté, ne compte, pour cela seul, rien de tout ce qu'il a en main, à moins qu'il ne se reprenne avant de jeter la première carte; mais s'il ne le fait pas, son adversaire compte tout ce qui est dans son jeu. Il en est de même pour tous ceux qui comptent ce qui n'est pas dans le leur.

15° Toute carte lâchée et qui a touché le tapis, est jouée; si pourtant on était le second à jouer, et qu'on eût couvert une carte de son adversaire qui ne fût pas de même couleur, bien qu'on en eût dans son jeu, alors il serait permis de la reprendre pour fournir de la même couleur, car on ne peut pas renoncer ; mais si, n'en ayant pas de la couleur jouée, on jetait, par mégarde, une carte au lieu d'une autre, il ne serait plus permis de la reprendre dès qu'elle aurait été lâchée.

16° Si celui qui, pour voir les cartes que laisse le dernier, dit : *je jouerai de telle couleur*, ne joue pas de la couleur qu'il s'est obligé de jouer, son adversaire pourra le faire jouer de la couleur qu'il trouvera à propos.

17° Lorsque le dernier en cartes retourne, ou voit par mégarde une carte du talon de son adversaire, il sera libre à celui-ci de jouer le coup ou de refaire après avoir vu son jeu.

Si c'est le premier en cartes qui a vu une carte du talon de la partie adverse, il devra jouer de la couleur que celle-ci voudra.

18° Celui qui, ayant laissé des cartes au talon, les mêle à son écart, après les avoir vues et avant de les avoir montrées à son adversaire, celui-ci est en droit de voir l'écart, après avoir nommé la couleur dont il commencera à jouer.

19° Le joueur qui reprend des cartes dans son écart, qui en échange quelqu'une, ou commet toute autre action de mauvaise foi, perd le point.

20° Qui quitte la partie la perd.

21° Le joueur qui, croyant avoir perdu, jette ses cartes et les brouille avec le talon, perd en effet la partie, quoiqu'il s'aperçoive qu'il s'est mépris, mais si rien n'est mêlé il peut revenir pourvu que l'autre n'ait point brouillé son jeu.

22° Si, arrivé à la fin d'un coup, un joueur qui a dans sa main deux ou trois cartes, les jette toutes ensemble, pensant que son adversaire les a plus hautes, celui-ci en montrant son jeu lèvera ces cartes, bien que les siennes puissent être inférieures, et celui qui aura jeté les cartes les perd.

23° Celui qui, étant dernier, écarterait et prendrait les cartes du premier au talon, avant que celui-ci ait eu le temps de faire son écart et les mêlerait à son jeu, perdrait la partie s'il jouait au cent, et le grand coup, s'il jouait en partie; mais, si le premier avait eu le temps d'écarter et qu'il eût attendu que le dernier, se croyant le premier, eût pris ses cartes, le coup serait bon ; et celui qui serait de droit le premier, commencerait à jouer.

Cette règle ne peut être trop rigide dans le premier cas, puisque la mauvaise foi est manifeste du côté de celui qui se hâte de faire son écart pour prendre; au lieu que, dans le second cas, c'est précisément la faute du premier qui doit savoir que c'est à lui à en prendre cinq.

24° Quand on n'a qu'un quatorze en main qui doit valoir, on n'est pas obligé de dire s'il est d'as, de rois, de dames, de valets ou de dix, on dit seulement *quatorze*, mais si on a pu en avoir deux dans son jeu, et qu'on ait écarté une ou deux cartes qui réduisent le jeu à un seul quatorze, on est obligé de nommer celui qu'on a gardé.

Piquet à trois ou Piquet Normand.

Les règles de cette variété du piquet, sont les mêmes que celles du piquet ordinaire, sauf les modifications que voici.

On tire d'abord à qui fera, puis on donne à chacun des joueurs dix cartes par trois et par deux, ou par deux et par trois. On distribue, par exemple, deux fois trois cartes, puis deux fois deux cartes, ce qui complète le nombre de dix.

La donne achevée, il restera deux cartes au talon; le donneur a le droit de les prendre et de les échanger contre deux des cartes de son jeu. S'il ne les prend pas, elles restent sur le tapis, mais il a le droit de les voir.

Les cartes blanches valent également dix à ce jeu.

On compte les séquences de même que dans le piquet ordinaire, ainsi que les quatorze, les trois as, les trois rois, les trois dames, les trois valets et les trois dix.

Lorsqu'après vérification de son jeu, le premier en cartes se trouve avoir en main jusqu'à vingt, sans jouer, il compte quatre-vingt-dix; il ne pourra compter que soixante, si pour atteindre ce nombre, il a dû jouer une ou plusieurs cartes. Mais pour cela il faut avoir le point et de plus arriver à vingt avant que l'un ou l'autre de ses adversaires aient fait des levées.

De même qu'au piquet ordinaire, on compte dix quand le nombre de ses levées surpasse celui de chacun de ses adversaires.

Le capot, qui a lieu lorsqu'un des joueurs n'a fait aucune levée pendant le coup, est assez fréquent à ce jeu. Il vaut quarante points comme au piquet ordinaire, mais ces points se partagent entre les deux joueurs qui ne sont pas capots : vingt à chacun; lorsque les deux joueurs sont capots, le troisième marque quarante.

Dès que l'un des joueurs a atteint le nombre qui fait gagner la partie, soit cent, cent cinquante ou tout autre chiffre convenu, il se retire et la partie continue entre les deux restants, suivant les règles du piquet ordinaire; celui qui succombe perd la partie contre ses deux adversaires.

Piquet à quatre ou Piquet voleur.

Ce jeu se joue à deux contre deux. Après avoir tiré la main, celui qui distribue les cartes les donne par deux et par trois de manière à en donner huit à chacun. On voit qu'il ne doit rien rester au talon, aussi n'y a-t-il point d'écart dans ce jeu.

Le premier en cartes annonce son point, les séquences, les quatorze d'as, etc., tout comme dans le piquet ordinaire; mais ce qu'il y a de particulier, c'est que si son jeu est bon, son partner pourra compter tout ce qu'il a dans le sien, le dix de cartes blanches, le point, le capot. Il comptera également dix pour les cartes, si la réunion des levées est plus forte que celle des deux adversaires.

Le piquet à quatre exige une grande attention, il faut faire en sorte de deviner ce que son partner a dans son jeu, afin de le seconder et de faire valoir ses cartes.

Il est d'usage que les joueurs du même parti soient placés en face l'un de l'autre.

Piquet à écrire.

Cette variété du piquet, bien moins usitée que le piquet ordinaire, se joue à plusieurs personnes; depuis trois jusqu'à sept. Cependant il n'y a jamais que deux joueurs qui jouent à la fois et les autres jouent tour à tour en remplaçant les premiers.

Il y a deux manières d'opérer ce changement. *Au malheureux*, le joueur qui est marqué continue à jouer, et celui qui marque est remplacé par un des joueurs qui attendent leur tour. Si l'on joue à *Tourner*, le remplacement s'opère de droite à gauche sans avoir égard à celui qui marque ou qui est marqué. Cette dernière manière, plus suivie que la précédente, égalise davantage les chances.

Il faut d'abord convenir du nombre de *rois* et de *tours* qui auront lieu; si c'est six, neuf ou douze rois que l'on jouera. Un roi, c'est deux tours, et un tour signifie deux coups. Pour qu'un tour soit joué, il faut que chacun des deux joueurs ait mêlé une fois. On fixe, avant de commencer, la mise au jeu, c'est-à-dire la valeur de chaque point :

dix, vingt, cinquante centimes, et puis on tire la main à qui fera.

Les règles de ce jeu sont exactement celles du piquet ordinaire. Chacun des joueurs ayant fait un demi-tour, c'est-à-dire une fois seulement, on marque les points que l'on fait de plus que son adversaire.

Exemple : A, fait du premier coup vingt points; B, dix seulement, le premier ne marque que dix points l'équivalent de la différence. Au second coup, A fait dix points et B soixante, en défalquant les dix points de A des soixante de B, celui-ci se trouve avoir cinquante points, il en est de même des autres coups.

Dans ce jeu les points au-dessous de cinq sont nuls, on ne les marque pas, mais cinq points et au-dessus comptent comme dix, il résulte de cette manière de marquer que les vingt-cinq points de l'un des joueurs vaudront autant que les trente-quatre de son adversaire, car les uns et les autres seront chacun marqués comme trente.

Voici, au reste, un tableau indiquant la manière de marquer:

LE PIQUET.

TABLEAU DES DOUZE TOURS OU ROIS JOUÉS.

NOMS DES JOUEURS.	AUGUSTE.	HENRI.	JOSEPH.
	30	40	20
	60	100	30
	100	30	20
	50	60	10
	70	30	40
	20	50	20
	30	20	30
	40	60	30
	400	390	200

Addition des points perdus :

    Auguste perd 400 points.
    Henri   — 390 —
    Joseph — 200 —

    Total.   990 points.

Ce qui fait pour chacun 330 points.

Auguste perd donc 70 points parce que la perte excède de ce nombre les 330 points ci-dessus. Pour la même raison, Henri en perd 60, enfin Joseph en gagne 130, parce que sa perte (200) est du même nombre inférieure aux 330 points.

    Il est d'usage de marquer une consolation

aux gagnants aux dépens des perdants. On convient d'avance du taux de cette consolation. Elle est ordinairement de vingt par marque, en sorte que le joueur qui, par exemple, est marqué de 50 par le jeu, est porté à 70 en perte.

Variété du Piquet à écrire.

Le piquet à écrire se joue encore d'une autre manière plus simple, en ce qu'elle n'exige ni plume, ni papier, ni additions.

Chaque joueur prend une valeur de six cents marques en cinq fiches et dix jetons, chaque fiche valant dix jetons et chaque jeton dix marques; en sorte qu'un perdant marqué de quarante, paie en mettant quatre jetons dans le corbillon.

Les vingt marques de consolation se paient de même que dans le piquet à écrire. Si on est marqué de dix points, on en met trente dans le corbillon en y déposant trois jetons.

Outre cette consolation, on doit payer deux jetons à celui qui vous marque et un jeton aux autres joueurs. Il est vrai qu'on reçoit à son tour cette seconde consolation lorsqu'on marque ou que les autres jouent entre eux.

La partie achevée, on partage également le contenu du corbillon entre les joueurs et chacun voit d'un coup d'œil ce qu'il a perdu ou gagné.

Ce jeu peut encore se jouer un contre un, ou deux contre deux, ou encore deux contre un. Celui qui joue seul contre deux s'appelle la *chouette*. Au reste, toutes les règles du piquet ordinaire s'appliquent au piquet à écrire et à ses modifications.

Le Piquet à cheval.

Voici un jeu auquel Decremps, dans son *Codicille de Jérôme Sharp*, a donné le nom de *Piquet à cheval*, parce qu'il peut se jouer en se promenant et sans cartes. Nous le donnons ici parce qu'il peut offrir une diversion assez amusante, en prévenant toutefois notre lecteur que si on le joue avec une personne qui n'en connaisse pas la marche, on ne doit le considérer que comme une simple distraction et non comme un jeu sérieux et intéressé, puisque le moyen de gagner est certain pour qui connaît cette marche.

Nous laisserons parler Decremps :

« J'allais un jour à la campagne avec un

de mes amis, et nous étions tous les deux à cheval. Il me proposa de jouer au piquet, et je lui répondis que je jouerais volontiers une partie quand nous serions arrivés; mais, me dit-il, nous pouvons jouer au piquet sans cartes et sans mettre pied à terre; comme je ne connaissais pas le jeu qu'il me proposait, il me l'expliqua, en me disant, qu'un de nous prendrait à volonté un nombre quelconque depuis un jusqu'à dix; que l'autre y ajouterait un autre nombre pris également dans la dizaine pour en avoir la somme; que le premier ajouterait à cette somme tel nombre qu'il voudrait, pourvu que ce fût toujours au-dessous de onze, et que celui de nous qui, en ajoutant ainsi alternativement, arriverait le premier à cent, gagnerait la partie.

« Les règles de ce jeu me parurent bien simples, et je proposai de jouer le dîner à charge de revanche; je nommai premièrement 5, il ajouta 10 pour avoir 15; j'ajoutai 10 pour avoir 25, il ajouta 5 pour faire 30; je nommai 1 pour 31, et lui 7 pour 38; et moi 9 pour 47 et lui 9 pour 56; et moi 4 pour 60 et lui 7 pour 67, et moi 3 pour 70, et lui 8 pour 78; et moi 2 pour 80, et lui 9 pour 89. Dès ce moment, je compris sans finir la partie, que j'avais perdu; car dis-je en moi-même, si j'ajoute 1 pour 90, il ajoutera 10 pour faire 100; et si j'ajoute 10 pour 99, il aura 100 en ajoutant 1; en un mot, quelque nombre que je choisisse, il n'aura qu'à ajouter ce qui manque pour finir la partie et la gagner.

« J'observai donc que l'essentiel consistait à s'emparer du nombre 89, je demandai ma revanche, mais mon adversaire arriva le premier à 78, et je m'aperçus alors que j'aurais autant de difficulté à attraper 89 que j'en avais eu auparavant à attraper le nombre 100; je commençai une troisième partie en me proposant de parvenir moi-même le premier au nombre 78, pour passer de là à 89, et puis à 100; mais dans cette autre partie, mon adversaire arriva le premier au nombre 67; j'y ajoutai 1 pour 68, et lui 10 pour 78. Je m'aperçus alors que mon adversaire avait une marche sûre et je m'appliquai à la trouver au lieu de risquer une quatrième partie.

« Je découvris en y réfléchissant, que les nombres dont il fallait s'emparer pour être sûr de gagner, étaient ceux-ci, pris dans un ordre retrograde :

89, 78, 67, 56, 45, 34, 23, 12, 1,

« Réfléchissant ensuite sur la nature de ce jeu, je fis des découvertes qui me servirent à gagner ma revanche.

« J'observai d'abord que les nombres ci-dessus 1, 12, 24, 33, etc., pris dans leur ordre naturel, forment une progression arithmétique dont la différence est 11, c'est-à-dire que chaque terme surpasse celui qui le précède de ce nombre 11. Je remarquai ensuite que ces mêmes nombres dépassent chacun d'une unité seulement les nombres suivants, composé chacun des deux chiffres semblables :

11, 22, 33, 44, 55, 66, 77, 88, 99.

« Cette dernière remarque me parut utile pour soulager la mémoire.

« Quand je connus la marche générale et le moyen de gagner dans tous les cas, je demandai ma revanche. Mon adversaire, qui ne soupçonnait pas la découverte que je venais de faire, souscrivit à ma proposition, et comme il me permit en commençant la partie de m'emparer des nombres 12, 23, 34, espérant que je ne suivrais point la progression qu'il croyait m'être inconnue, il se trouva frustré de son espérance et comprit bien que j'avais découvert son secret. »

L'IMPÉRIALE.

Ce jeu est ainsi nommé en l'honneur de l'empereur Charles-Quint, qui le mit en vogue. Il a beaucoup d'analogie avec le piquet et la triomphe, et se joue à deux avec un jeu de trente-deux cartes.

La main se tire comme au piquet. Les cartes se donnent deux par deux, trois par trois, ou même quatre par quatre, au choix du joueur, jusqu'à la concurrence de douze cartes à chacun. La vingt-cinquième carte est la retourne et l'indication de l'atout ou triomphe.

Parmi les triomphes, on en compte cinq qu'on appelle *honneurs* : ce sont le roi, la dame, le valet, l'as et le sept. Chacun de ces honneurs vaut un point au joueur qui fait la levée où il s'en trouve un ou plusieurs.

Il suit de là que si, sur un honneur supérieur joué, on est obligé de fournir un honneur inférieur, le joueur qui fait une telle levée marque deux points.

S'il arrive que la retourne soit un honneur, cela vaut un point au joueur qui a donné.

Les cartes étant distribuées, chacun examine s'il n'a pas dans son jeu quelque *impériale*. S'il s'en trouve une ou plusieurs, il doit avant tout les accuser, les montrer et les marquer.

Chaque point se marque avec un jeton et chaque impériale avec une fiche.

Celui qui le premier réunit six jetons marque une impériale, et les jetons marqués par son adversaire ne peuvent plus compter.

Quatre rois, réunis dans la même main, forment une impériale. Il en est de même de quatre dames, de quatre valets, de quatre as ou de quatre sept.

D'autres impériales consistent dans la réunion du roi, de la dame, du valet et de l'as d'une même couleur, qui se trouvent dans le même jeu.

L'IMPÉRIALE. 53

Il y a aussi l'*impériale de retourne*, qui est conditionnelle, c'est-à-dire si l'on a retourné une des premières cartes qui sont le roi, la dame, le valet ou l'as, et qu'on ait dans sa main les trois autres cartes de la même couleur, cela fait une impériale.

Il y a pareillement l'*impériale tombée* ou *de rencontre*, celle-ci est la plus rare de toutes ; elle arrive lorsque ayant le roi, la dame et autres triomphes, on gagne par les levées les cartes nécessaires pour former l'impériale. Cette impériale n'a lieu que dans la couleur d'atout. Toutefois, les impériales *tombantes* ou de *retourne* ne comptent que lorsqu'on en est convenu.

Il y a enfin l'*impériale blanche* ou de cartes blanches, qui consiste dans la réunion de douze cartes parmi lesquelles il ne se trouve aucune figure.

Celui qui a dans son jeu l'impériale d'atout, c'est-à-dire le roi, la dame, le valet et l'as, compte deux impériales. Il en est de même de l'impériale de cartes blanches.

On accuse d'abord le point comme dans le piquet, en disant qu'on a tel nombre de cartes. Si l'adversaire en a un pareil nombre, il demande la quantité de points qu'elles représentent. Notons que chaque figure vaut dix points, l'as onze, et les autres suivant ce qu'elles contiennent. Si l'adversaire a moins de points, il répond : *C'est bon;* s'il en a davantage, il dit : *Cela ne vaut pas;* si le nombre est le même, c'est le premier en cartes qui marque le point.

Le joueur qui a le point le marque par un jeton.

Lorsque les impériales ont été montrées et le point accusé, c'est au premier en cartes à jouer : il commence par telle carte qu'il juge à propos, et son adversaire est obligé de fournir de la couleur jouée, et même une carte supérieure, s'il y en a une, qui puisse prendre celle du premier joueur. Lorsqu'on n'a pas de la couleur jouée pour en fournir, on est tenu de couper, si l'on a de l'atout : on n'est autorisé à renoncer que quand on n'a ni atout ni carte de la couleur jouée.

Le joueur qui fait la levée joue le premier pour la levée suivante, et l'on joue de même toutes les autres cartes.

Quand il ne reste plus de cartes à jouer, chaque joueur compte les levées qu'il a faites : s'ils ont fait chacun six levées, on dit que *les cartes sont égales*, et il n'y a rien à marquer ; mais si l'un des deux a fait plus de levées que l'autre, il marque un point pour chaque levée qu'il compte de plus que les six qu'il devait faire ; et s'il fait son adversaire *capot*, en faisant les douze levées, il gagne deux impériales.

Règles de l'Impériale.

1° La manière de donner ne peut pas être changée dans le cours d'une partie, c'est-à-dire que le joueur qui a commencé la donne par trois cartes ne peut pas la continuer par quatre.

2° Lorsque, au lieu de retourner la vingt-cinquième carte, un joueur retourne la vingt-sixième ou la vingt-septième, ou plusieurs cartes à la fois, il fait une faute, et le premier en jeu a le droit d'examiner son jeu et de s'y tenir ou de faire recommencer la donne. S'il s'y tient, on retourne la vingt-cinquième carte.

3° Quand en donnant on s'aperçoit qu'il y a des cartes retournées dans le jeu ou au talon, on doit refaire. Cependant, si dans ce dernier cas la carte indicative de la triomphe était mise en évidence, le coup se jouerait.

4° S'il arrivait qu'un joueur regardât quelque carte du talon, ce serait une faute, pour réparation de laquelle son adversaire pourrait l'obliger de jouer quatre fois dans la couleur que ce dernier jugerait à propos de spécifier.

5° On peut indifféremment, avant ou après l'accusation du point, montrer les impériales qu'on a en main; mais aussitôt qu'un joueur a joué une de ses cartes, il n'a plus le droit de compter ses impériales.

6° Remarquons cependant que, lorsqu'il y a une galerie intéressée, elle est autorisée à avertir le joueur pour lequel elle parie, de compter les impériales qu'il a en main avant qu'il ne joue aucune carte.

7° Quand on a accusé un point quelconque, on ne peut plus y revenir pour en accuser un plus fort. Au surplus, lorsqu'un joueur dont le point a été reconnu bon néglige ou oublie de le montrer avant de jouer, l'adversaire et la galerie qui parie sont fondés à le faire montrer.

8° Lorsqu'il y a égalité de point, le premier en cartes compte le sien par droit de primauté. Le premier en cartes compte également ses impériales sans que son adversaire puisse compter les siennes. Mais cette règle souffre exception, si c'est une impériale de cartes blanches. En quelque main qu'elle soit, elle se compte avant toute autre impériale.

9° Les cartes blanches valent, comme nous l'avons dit plus haut, deux impériales. Au reste, le joueur qui a les cartes blanches les marque sans qu'il puisse faire supprimer les points de son adversaire. Si ce dernier a dans son jeu une ou plusieurs impériales, il les marque pareillement. Remarquons d'ailleurs qu'un coup où il y a impériale blanche ne se joue pas, et que la main passe. Remarquons encore que, si dans les cartes blanches se trouvait l'impériale d'as ou celle de sept, on les compterait en sus de l'impériale blanche ; mais on n'en aurait pas davantage le droit de faire supprimer les points de son adversaire, quand même il n'aurait aucune impériale dans son jeu.

10° Si un joueur ne fournissait pas de la couleur jouée quoiqu'il en eût, ou qu'il ne prît pas, quoiqu'il le pût, il y aurait *rencontre* et *sous-force*, et dans l'un et l'autre cas l'adversaire pourrait le forcer à reprendre sa carte et à jouer selon la règle.

11° Le joueur qui n'a pas d'impériale en main, et à qui son adversaire en montre une, est obligé de supprimer les points qu'il peut avoir avant cette époque. Cependant s'il avait retourné un honneur ou carte *marquante*, il conserverait le point que cette retourne lui aurait produit. Mais il en serait différemment, si son adversaire lui montrait une impériale par le point, par le plus de levées ou par des marquants; en ce cas, le point gagné par la retourne s'effacerait comme les autres.

12° Si un joueur joue avant son tour, on peut l'obliger de reprendre sa carte et de laisser jouer son adversaire.

13° Quand le premier en cartes a joué, il ne peut pas reprendre sa carte pour en jouer une autre; le dernier ne peut de même reprendre la carte qu'il a mise sur celle du premier, à moins qu'il n'eût renoncé ou sous-forcé; c'est pourquoi, si sur le roi d'atout qu'a joué le premier, le second met une carte marquante, comme la dame, le valet, l'as ou le sept, au lieu de fournir un huit, un neuf ou un dix, comme il aurait pu le faire, cette carte marquante est bien jouée et ne peut être reprise.

14° Qui quitte la partie la perd ; mais les parieurs ont le droit de la faire finir par un tiers.

L'ÉCARTÉ.

Ce jeu à la mode, très-répandu dans les salons, est d'une grande simplicité, et comme les parties se succèdent très-rapidement, on pourrait y perdre beaucoup d'argent, si les enjeux étaient forts. Dans beaucoup de sociétés bourgeoises, on se contente de mettre depuis dix jusqu'à vingt-cinq centimes. Il est d'usage d'avoir deux jeux de cartes avec lesquels on alterne. Les points gagnés se marquent à mesure avec des jetons.

L'écarté se joue à deux personnes avec un jeu de trente-deux cartes. On tire la *donne* à la plus forte carte. Le donneur distribue cinq cartes par trois et par deux, ou par deux et trois. Le talon ou le restant des cartes du jeu employé, se place à la droite, le second jeu entier à la gauche.

La retourne indique l'atout. Si la retourne est un roi, il compte pour un point pour le donneur. Lorsqu'un des joueurs a le roi d'atout dans son jeu, il doit l'annoncer avant de jouer, soit en le jouant de suite, soit en le montrant.

Le premier à jouer a le droit de demander à changer ses cartes, en partie ou en totalité, en disant : *Je demande des cartes*. Le donneur peut en refuser ; mais alors il court la chance de voir son adversaire marquer deux points, s'il ne gagne pas le coup ; mais s'il en accorde, il dit : *Combien ?* Le nombre de cartes étant désigné, il prend le talon, et donne en une seule fois les cartes demandées ; puis il en prend lui-même, s'il en veut. Avant de recevoir les cartes du talon, on a dû avoir soin d'exposer sur le tapis les cartes qu'on rejette, ce qui s'appelle *écarter*.

Le premier à jouer peut en redemander encore, s'il n'est pas content de ce qui lui est survenu. Le donneur a le droit de refuser ou d'accorder, mais il faut nécessairement qu'il reste une carte au talon.

Le premier à jouer, qui joue d'emblée sans demander des cartes une *première fois,* perd deux points s'il ne gagne pas le coup.

La valeur des cartes suit l'ordre ordinaire, c'est-à-dire les rois sont les plus fortes cartes du jeu, puis viennent les dames, les valets, les as, les dix, les neuf, etc.

Les atouts l'emportent sur toutes les autres cartes. La partie se joue ordinairement en cinq points; quelquefois on la remet en sept points, d'un commun accord.

Le premier en jeu ayant jeté une carte sur le tapis, son adversaire est obligé de jouer dans sa couleur ou de couper avec un atout. Si l'on ne peut fournir ni l'un ni l'autre, on jette une carte quelconque.

Celui qui prend les cinq cartes de son adversaire fait ce qu'on appelle la *vole,* et compte deux points. S'il a le roi, il ajoutera un point; mais jamais il n'en marquera plus de trois pour une tournée, même quand on lui aurait refusé des cartes et perdu le point. S'il prend moins de cinq cartes mais plus de deux, il marquera un seul point, à moins que le donneur ait refusé des cartes;

alors il augmentera sa marque de deux points.

Le premier des deux joueurs arrivé au nombre de points convenu, cinq, sept, neuf, etc., a gagné la partie.

Voici le règlement adopté par l'usage pour ce jeu.

1° Celui qui tire la main de manière à ne point laisser voir la carte coupée est censé avoir tiré un sept.

2° Celui qui, pour le même objet, découvre maladroitement deux cartes est censé avoir coupé la plus basse.

3° La main est bien tirée, même quand il serait reconnu que le jeu est incomplet ou renferme plusieurs cartes doubles.

4° Tant que dure une partie, on est obligé de donner comme on a commencé, c'est-à-dire par trois et deux, ou par deux et trois.

5° Si le jeu renferme des cartes retournées, et qu'on s'en aperçoive au début de la partie et avant d'avoir vu son jeu, le coup est nul.

6° Quand il y a mal-donne d'emblée, et qu'on s'en aperçoit avant que les cartes aient été vues par les joueurs, on rétablit l'ordre de la distribution.

7° Si les cartes ont été vues, et que celui qui a donné ait une ou deux cartes de moins, son adversaire peut, à son choix, lui permettre de se compléter avec les cartes du talon, ou faire recommencer le coup en prenant la main.

8° Si celui qui a donné a une carte de trop, son adversaire peut, à son choix, tirer une carte au hasard de son jeu, ou recommencer le coup en prenant la main.

9° Celui qui, après avoir fait son écart, joue avec plus de cinq cartes, perd un point et ne peut compter son roi.

10° Lorsque, après la donne sur écart, le donneur reconnaît qu'il se trouve moins de cartes qu'il ne lui en faut au talon, il complètera son jeu avec celles que l'adversaire a jetées.

11° Il peut arriver qu'en donnant on retourne accidentellement une ou plusieurs cartes. Si les cartes retournées font partie du jeu de celui qui donne, le coup est bon; mais si c'est à son adversaire que ces cartes sont destinées, celui-ci peut, à son choix, tenir le coup pour bon ou faire recommencer.

12° Lorsqu'un joueur donne à la place de

l'autre, et qu'on s'en aperçoit avant d'avoir retourné, on recommence le coup; si l'on ne s'en aperçoit qu'après que la retourne est connue, et surtout lorsqu'on a écarté et joué, le coup est bon; mais l'adversaire dont le tour a été passé a le droit de réclamer l'avantage de donner deux fois de suite, pourvu que son vis-à-vis soit le même.

13° On doit jouer de la couleur qu'on annonce : ainsi, celui qui dirait *pique* et jouerait trèfle ou toute autre couleur que le pique, serait tenu de reprendre la carte jouée si l'adversaire l'exige, et de jouer la couleur annoncée.

14° Cependant l'adversaire a le droit de maintenir la couleur jouée si elle lui convient, en couvrant la carte.

15° Quand on joue avant son tour, on est tenu de reprendre sa carte, si elle n'est pas couverte ; mais si elle est couverte, le coup est bon.

16° Quand il y a mal-donne la main passe.

LE WHIST.

Le nom de ce jeu est anglais. *Whist* signifie *silence*. En effet, il est interdit de parler au whist, et surtout de rien dire qui puisse faire connaître à son partner ou associé le jeu qu'on a en main.

Aussi ce jeu, conforme au génie anglais, a-t-il une grande vogue en Angleterre. La connaissance parfaite du whist donne lieu à des combinaisons compliquées qui exigent autant de mémoire que d'attention.

1° Le whist se joue entre quatre personnes, dont deux sont associées ou *partners* l'une de l'autre.

2° On se sert alternativement de deux jeux de cartes entiers, c'est-à-dire composés de cinquante-deux cartes.

3° La valeur des cartes est la même qu'au piquet. L'as est la plus haute, puis le roi, la dame, le valet, le dix, le neuf, et ainsi de suite jusqu'au deux qui est la plus basse.

4° On a recours au sort pour organiser la

partie. On étend, à cet effet, les cartes en demi-cercle, sur le tapis, après les avoir battues, et chacun y prend une carte au hasard. Les deux joueurs qui ont pris les cartes les plus basses jouent contre les deux autres. Remarquons que l'as compte ici pour une basse carte.

5° C'est la carte la plus basse qui confère le droit de choisir sa place et de donner le premier.

6° Lorsque des joueurs tirent des cartes de même valeur, ils recommencent, mais eux seuls, jusqu'à ce qu'ils aient amené des cartes de valeur inégale.

7° Quand les joueurs sont plus de quatre, ils concourent également au tirage, alors ce sont les plus basses cartes qui donnent le droit de jouer la première partie. Ceux qui lèvent les plus hautes sont *rentrants*, et remplacent pour la seconde partie les joueurs *sortants* désignés par le sort ; car si les cartes et les places ne sont plus changées durant le cours de la partie ou du *Robre*, on les tire de nouveau avant d'en commencer une autre. Quelquefois on convient par avance que ce seront les gagnants ou bien les perdants qui céderont leurs places aux rentrants.

8° Avant de commencer le jeu, on fixe le prix de la fiche, ainsi que le nombre des *fiches de consolation* ; on donne ce nom aux fiches que l'on doit payer en sus de celles que l'on gagne par les levées; ce nombre est ordinairement de quatre.

9° On joue ordinairement en partie liée, c'est-à-dire qu'il faut gagner deux parties de suite pour être le gagnant, ou bien deux parties sur trois. La partie liée se nomme *robre*.

10° Ces préliminaires arrêtés et les places ayant été choisies, les partners s'assayent en face l'un de l'autre.

11° Le joueur qui a eu la carte la plus basse, et que par conséquent le sort à chargé de donner, relève les cartes qui sont sur le tapis, bat le jeu, fait couper par celui qu'il a à sa droite, et distribue ensuite à chacun treize cartes, une à une, en commençant par sa gauche, et successivement en allant toujours de gauche à droite, jusqu'à épuisement du jeu. Il retourne la dernière qui doit lui appartenir, mais qui forme la *triomphe* ou *atout*. Il la place en évidence à sa gauche, et elle doit rester sur le tapis jusqu'à ce que le tour de jouer de celui qui l'y a placée soit venu ; alors il la met dans son jeu, et personne n'a plus le droit de demander quelle carte il a retournée. On peut seulement s'informer de quelle couleur est la triomphe.

12° Pendant qu'on distribue les cartes, le partner du donneur prend et arrange l'autre jeu, puis le place à la gauche de son adversaire de droite ; ce qui indique que celui-ci doit donner au coup suivant.

13° Sitôt la retourne connue, les joueurs relèvent, comptent et assemblent leurs cartes. Le joueur placé à la gauche de celui qui a donné joue le premier et les autres successivement. Le premier servi commence la partie en jetant sur le tapis une carte devant lui. Remarquons qu'il est dans les usages du whist de ne point la tirer ni même la toucher d'avance : on ne doit porter la main à son jeu que pour en extraire celle qu'on veut jouer.

14° Il arrive quelquefois qu'en jouant avec trop de précipitation, les cartes viennent à se confondre sur le tapis ; on a alors le droit de demander le *tableau*, ce qui veut dire que chaque joueur reprendra et placera devant lui la carte qu'il a jouée (Voyez le n° 22 du règlement).

15° L'une des règles du whist est qu'il ne doit jamais y avoir plus de quatre cartes en vue sur le tapis.

16° On ne peut pas renoncer, c'est-à-dire jeter une carte d'une autre couleur que celle demandée par le premier joueur; mais on n'est pas obligé de forcer, c'est-à-dire on peut jouer une carte inférieure, c'est ce qu'on nomme faire l'*impasse*.

17° S'il arrive que l'un des joueurs associés renonce, ayant de quoi fournir, les deux encourent la perte de trois levées ou six points. Ces six points sont retranchés de leur marque ou bien ajoutés à la marque des adversaires.

18° Le joueur qui n'a point la couleur demandée n'est pas forcé de couper; dans ce cas, il lui est permis de jeter une carte d'une autre couleur; on nomme cela se *défausser*.

19° La levée appartient à celui qui a jeté

la carte la plus forte, et il joue la première carte au coup suivant.

20° Les associés qui les premiers parviennent à faire dix points gagnent la partie. C'est, au reste, le nombre de points établi dès l'origine de ce jeu.

21° Les points proviennent de trois sources qui sont : les *honneurs*, les *levées* et les *renonces*.

22° Les honneurs sont les quatre principaux atouts, c'est-à-dire l'as, le roi, la dame et le valet, de la couleur dont on a fait la retourne.

23° Lorsque les honneurs se trouvent partagés de manière que chaque parti en ait deux, ils ne comptent ni pour l'un ni pour l'autre. On dit alors que les honneurs sont égaux. Mais si un joueur et son partner ont entre eux deux, trois honneurs, ils comptent deux points, et ils en comptent quatre, s'ils réunissent tous les honneurs à l'exclusion de leurs adversaires.

24° Il faut attendre que le coup soit joué pour déclarer les honneurs; leurs points ne se marquent qu'après ceux des levées; en sorte que ces points deviendraient nuls si les adversaires complétaient, par les levées, le nombre de dix points qui fait gagner la partie (1).

25° Les levées que deux associés font au-delà de six leur valent chacune un point; cette septième levée se nomme *Trick*.

26° Lorsqu'un joueur et son partner viennent à faire la vole ou *chelem*, c'est-à-dire treize levées, cet avantage ne fait point gagner la partie. Il se paie dix fiches, se compte à part et la partie continue comme s'il n'avait point eu lieu. Le mot *chelem* vient de l'anglais *Slaime* (prononcez *Schlem*.)

27° Si deux associés font dix points avant que leurs adversaires en aient fait cinq, ces derniers perdent la partie double, à moins qu'il n'ait été fait une convention contraire.

28° Les associés qui ont gagné deux parties sur trois ou deux parties consécutives

---

(1) Jadis il n'en était pas ainsi; on pouvait gagner à huit points par les honneurs, pourvu que l'un des joueurs montrât trois honneurs, ou même par deux seulement lorsque son partner, interrogé par lui, ce qui se nommait *chanter* ou *appeler*, en déclarait un troisième.

gagnent le *Robre* ou partie liée, après laquelle les paiements ont lieu lorsque les levées ne se paient pas.

29° Personne ne doit lever ses cartes ni les regarder avant que la donne ne soit achevée.

30° Une renonce n'est censée avoir lieu et ne doit être punie comme il est dit au n° 16, que lorsque la levée est faite et qu'on a joué pour la levée suivante.

31° Lorsque deux joueurs associés ont les honneurs, ils doivent les compter avant que la triomphe ait été retournée pour le coup suivant, autrement ils ne sont plus admis à les marquer.

32° Les *Tricks*, ou septièmes levées (voyez le n° 25) se marquent avant les honneurs.

33° Il n'est pas permis à un joueur de demander à son partner s'il a joué un ou plusieurs honneurs.

Manière de compter les points au Whist.

Les points se marquent avec quatre jetons que chaque joueur a devant lui.

Un, deux, trois points se marquent avec

un, deux ou trois jetons, en plaçant les autres à part, ou les entassant sur ceux qui servent à marquer.

Les quatre jetons placés en carré indiquent quatre points.

Pour marquer les points supérieurs, jusqu'à neuf inclusivement, on place un jeton au-dessous des autres disposés en ligne horizontale. Ce jeton, placé hors ligne, marque trois points lorsqu'il se trouve au-dessus, et cinq points lorsqu'il est au-dessous.

Trois jetons en ligne horizontale et un placé en avant sur le front, marquent six points. Il suffit de placer le jeton du front en serre-file pour marquer huit points.

Le point de neuf est indiqué par la disposition de trois jetons en ligne diagonale, le quatrième étant placé sur celui du milieu.

Lorsque le côté perdant a marqué six points, la partie est simple et se paie une fiche. — S'il n'a marqué que quatre points, elle est double et se paie avec deux fiches. — Enfin, s'il n'en a marqué aucun, elle est triple et se marque avec trois fiches.

Règlements et pénalités du Whist.

Le Whist étant un jeu de silence, d'attention et de finesse, toute violation des règles tendant à troubler le jeu et distraire les joueurs est punie par une amende.

1° Le joueur qui coupe est tenu, pour que la coupe soit valable, de lever au moins quatre cartes en dessus ou d'en laisser au moins autant sur le tapis, sans cela tout joueur a droit d'exiger que l'on coupe de nouveau.

2° En cas de mal-donne, la main passe à un autre. Il peut y avoir mal-donne de plusieurs manières : quand on a distribué des cartes en plus ou en moins, quand le donneur a, d'une manière ou d'une autre, regardé une ou plusieurs cartes ; quand, oubliant de retourner la dernière carte ou atout, il l'a mêlée à son jeu.

3° Le donneur ne perd pas la main en cas de mal-donne si l'un des adversaires a relevé ses cartes avant la retourne de l'atout.

4° Dès que la dernière carte (ou atout) a été retournée, toute discussion ou toute réclamation sur la donne est interdite et le silence le plus complet doit régner parmi les joueurs.

5° Il est de règle de ne recueillir son jeu que lorsque la donne est terminée et la dernière carte retournée.

6° La règle du Whist interdit formellement de distribuer ses cartes par petits paquets sur le tapis. Cette faute est punie par une amende de deux jetons.

7° Si un joueur a pris la donne avant son tour, on a le droit de l'en dessaisir tant que la distribution n'est pas achevée et la retourne vue. Mais, après cela, le tour lui est acquis, et le jeu continue.

8° Le joueur qui, par paroles ou par signes, tend à indiquer à son partner la carte que celui-ci devrait jouer, ou à lui faire connaître son propre jeu, est puni par la perte de quatre points et par l'étalage de son jeu sur le tapis.

Cette faute est l'une des plus graves que l'on puisse commettre au Whist, car elle est entachée de mauvaise foi et on ne saurait trop rigoureusement la punir.

9° Si l'on montre ou regarde, par inadvertance, une carte qui ne doit pas être vue, les adversaires de celui qui a commis la faute ont le droit d'exiger que cette carte soit étalée sur le tapis et jouée à leur commandement. Si plusieurs cartes ont été montrées ou vues de cette manière, elles devront être également étalées; mais le droit de commandement ne doit être exercé que sur une seule de ces cartes.

10° Lorsqu'on joue avant son tour, soit en commençant, soit dans le cours du jeu, les adversaires ont le droit de maintenir la carte jouée, si l'erreur leur est profitable, ou de faire étaler la carte pour être jouée au commandement; et on rétablit l'ordre du tour à jouer.

11° Celui qui renonce, c'est-à-dire qui ne fournit pas la couleur demandée, commet la contravention la plus grave qui puisse avoir lieu au Whist, car elle dérange toutes les combinaisons du jeu et y apporte le désordre. La *renonce est incomplète* lorsqu'on reconnaît l'erreur assez à temps pour la réparer ; alors chacun des joueurs, y compris celui qui a fait la faute, reprend sa carte ; mais il est de règle que la carte jouée induement reste sur le tapis pour être appelée au commandement des adversaires.

Mais si la *renonce est complète*, c'est-à-dire si elle n'est constatée qu'après le coup terminé et l'engagement du coup suivant, le parti qui a commis la faute est puni par la perte de deux points ou de trois au plus, cela dépend des conventions.

12° Les adversaires du joueur qui a renoncé n'ont que le droit de lui retrancher des points et non d'en marquer en même temps pour eux-mêmes, car ce serait doubler l'amende.

13° Les joueurs qui avaient jeté leur carte après la renonce incomplète (voyez le n° 11) peuvent la reprendre lorsqu'elle est rectifiée ; mais la carte du partner, s'il avait joué, peut être commandée comme celle du joueur fautif.

14° Doit être considérée comme renonce l'exécution infidèle d'une commande, celle, par exemple, de jouer une carte inférieure lorsqu'une carte supérieure est commandée.

15° Est considérée comme nulle toute réclamation au sujet des renonces, lorsque la coupe du coup suivant a été faite.

16° Lorsque les points produits par la renonce font gagner la partie à l'un des partis, le perdant a le droit d'exiger que le coup soit continué, s'il était en position de perdre la partie double ou triple; mais, s'il ne l'exige pas, il suffit à son adversaire d'abattre son jeu pour montrer qu'il n'y a pas de renonce de son côté, et que le gain de la partie lui appartient.

17° Dans aucun cas, on ne doit commander au joueur fautif de renoncer, s'il a en main une carte de la couleur jouée; car ce serait lui imposer une nouvelle faute pour en racheter une autre.

18° Si un joueur a, par oubli ou distraction, négligé de fournir sur une levée, les adversaires sont en droit d'annuler le coup ou de le maintenir; dans le premier cas, ils prennent la main.

19° Lorsqu'un joueur jette sa carte sur celle de son partner, au lieu d'attendre que son adversaire de droite ait joué à son tour, celui-ci acquiert le droit de jouer le dernier.

20° Un joueur fautif dont la carte est commandée (voyez les n°s 9, 10, 11) est tenu de provoquer la commande, lorsque c'est son tour à jouer, s'il ne le fait pas, il peut être commandé également pour la carte qu'il aura jouée.

21° Pendant qu'un coup est en train, il ne doit y avoir à découvert, sur le tapis, que la levée de ce coup ; il est donc rigoureusement interdit de regarder la précédente.

22° Le joueur qui, de sa propre autorité, fait le *tableau* (voyez le n° 14 des règles du jeu), sans que cette formalité ait été réclamée par celui à qui c'est le tour de jouer, perd un point. Nul n'est admis à demander le tableau lorsque les quatre cartes sont sur le tapis.

23° C'est une faute d'abattre son jeu vers la fin d'un coup. On doit jouer une à une ses cartes jusqu'à la fin. Lorsque, par vivacité, on montre ce qu'on a en main, les adversaires ont le droit de faire étaler les trois autres jeux et de commander les cartes, de sorte que le joueur fautif et son partner ne soient plus maîtres de la direction de leur jeu. Toutefois il n'est point permis aux remplaçants de faire renoncer aux couleurs.

24° Lorsque deux associés marquent plus

de points qu'ils n'en ont réellement, les adversaires peuvent faire effacer les points irréguliers, pour les marquer à leur propre compte. Lorsque l'erreur n'existe que pour un seul des associés, il n'y a pas de punition, mais on rétablit l'égalité dans les deux marques en supprimant les points excédants.

Principes généraux du Whist.

1° La chose la plus essentielle dans ce jeu est de faire connaître à son associé le jeu qu'on a en main, non par des gestes ou des signes, moyens que réprouve la délicatesse, mais par sa manière de jouer. C'est ordinairement par les *invites* et les *renonces* que l'on met son partner à même de connaître le jeu que l'on a. De même il faut étudier celles de son partner, afin de deviner sûrement la composition de son jeu. Au lieu de se borner à la réussite des cartes qu'on a en main, il faut les combiner avec celles que l'on suppose à son associé, et, pour nous servir d'une expression heureuse de l'auteur d'un traité du Whist : *il faut faire en sorte de jouer avec vingt-six cartes*, au lieu de jouer seulement avec treize.

2º Dès que ce sera à vous de jouer, commencez par la couleur dont vous avez le plus grand nombre en main; si vous avez une séquence de roi, dame et valet, ou de la dame, du valet et du dix, vous devez les considérer comme de bonnes cartes pour entrer en jeu; elles vous feront immanquablement tenir la main à vous ou à votre associé dans d'autres couleurs; commencez par la plus haute de la séquence, à moins que vous n'ayiez une séquence de cinq : dans ce cas là jouez la plus petite, excepté en atout, ou il faut alors jouer la plus haute, afin d'engager votre adversaire à mettre l'as ou le roi; par ce moyen vous ferez passer votre couleur.

3º Si vous avez cinq des plus petits atouts et point d'autre bonne carte dans une couleur différente, jouez atout, cela fera du moins que votre partner jouera le dernier et tiendra par conséquent la main.

4º Si vous avez seulement deux petits atouts avec l'as et le roi de deux autres couleurs, et une renonce dans la quatrième, faites sur-le-champ autant de levées que vous pouvez; et si votre associé a renoncé dans une de vos couleurs, ne le forcez point, parce que cela pourrait trop affaiblir son jeu.

5° Vous ne devez que rarement rejouer la même couleur que votre associé a jouée dès que vos cartes vous fournissent quelques bonnes couleurs, à moins que ce ne soit pour achever de gagner une partie, ou pour empêcher de la perdre. On entend par une *bonne couleur* une séquence de roi, dame et valet, ou de la dame, du valet et du dix.

6° Si vous et la partie adverse avez chacun cinq levées et que vous soyez assuré d'en faire encore deux par vos propres cartes, ne négligez point de les faire, dans l'espérance de marquer deux points de plus, parce que si vous perdiez la levée impaire, cela vous ferait une grande différence, et vous joueriez à votre désavantage dans la proportion de deux à un.

Il y a cependant une exception à cette règle; c'est lorsque vous voyez une probabilité à pouvoir ou sauver la partie double, ou gagner le jeu ; dans l'un ou l'autre de ces cas il faut risquer la levée impaire.

7° Si vous voyez quelque probabilité de pouvoir gagner le jeu, il ne faut point balancer à hasarder une ou deux levées, parce que l'avantage qu'une nouvelle donne procurerait à votre adversaire sur la mise, irait au-delà des points que vous risquez de cette façon.

8° Si votre adversaire a fait six ou sept points à rien, et que vous soyiez premier à jouer, vous devez absolument risquer une levée ou deux, afin de rendre par là le jeu égal : ainsi, si vous avez la dame, le valet, ou un autre atout, et point de bonnes cartes d'une autre couleur, jouez votre dame ou votre valet d'atout ; par ce moyen vous renforcerez le jeu de votre associé s'il est fort en atouts, et vous ne lui causerez point de préjudice au cas qu'il n'en ait que peu.

9° Si vous êtes quatre à jouer, il faut faire en sorte de gagner la levée impaire, parce que vous vous procurerez par là la moitié de la mise ; et afin que vous soyez sûr de gagner la levée impaire, il faut faire atout avec précaution, quoique vous soyez fort en atouts ; nous entendons être fort en atouts, lorsqu'on a un honneur et trois autres atouts ou triomphes.

10° Lorsque vous avez huit points de la partie, et que vous êtes encore fort en atouts, si vous remarquez qu'il y a apparence que votre associé puisse couper quelques-unes des couleurs que votre adversaire a en main, ne jouez point atout ; mais faites en sorte que votre associé puisse parvenir à couper. Ainsi, par exemple, si votre jeu est marqué 1, 2 ou 3, il faut jouer à rebours et aller 5, 6 ou 7, parce que vous jouez pour quelque chose de plus qu'un point dans ces deux derniers cas.

11° Si vous êtes dernier à jouer, et que vous trouviez que le troisième joueur ne puisse pas mettre une bonne carte dans la couleur que votre associé a jouée, et que vous n'ayez pas beau jeu vous-même, jouez encore la même couleur, afin de faire tenir la levée à votre associé ; cela oblige souvent l'adversaire à changer de couleur, et fait gagner la levée dans la nouvelle couleur choisie.

12° Si vous avez l'as, le roi et quatre petits atouts, jouez un petit, parce qu'on peut parier que votre associé a un meilleur atout que celui du dernier joueur ; si cela est ainsi vous pouvez faire trois fois atout, sinon vous ne pouvez pas les faire tomber tous.

13° Si vous avez l'as, le roi, le valet et

trois petits atouts, commencez avec le roi, et jouez ensuite l'as, à moins qu'un de vos adversaires ne renonce, parce que la chance est pour vous, et que la dame tombera.

14° Si vous avez le roi, la dame et quatre petits atouts, commencez par un petit, parce qu'il y a à parier que votre associé a un honneur.

15° Si vous avez le roi, la dame, le dix et trois petits atouts, commencez avec le roi, parce que vous avez une belle chance que le valet tombera au second tour, où vous pourrez tirer parti par finesse de votre dix, quand votre associé vous jouera atout.

16° Si vous avez la dame, le valet et quatre petits atouts, commencez par un petit, parce qu'il y a à parier que votre associé a un honneur.

17° Si vous avez la dame, le neuf et trois petits atouts, commencez avec la dame, parce que vous devez espérer que le dix tombera au second tour, où vous pourrez tirer parti de votre neuf en faisant quelque feinte.

18° Si vous avez le valet, le dix et quatre petits atouts, commencez par un petit, par les raisons indiquées au n° 15.

19° Si vous avez le valet, le dix, le huit et trois petits atouts, commencez par le valet, afin d'empêcher que le neuf ne fasse sa levée : la chance est en votre faveur que les trois honneurs tomberont, en faisant deux fois atout.

20° Si vous avez six atouts d'un ordre inférieur, il faut commencer par le plus petit, à moins que vous n'ayez le dix, le neuf et le huit, et que votre adversaire n'ait tourné un honneur; dans ce cas, si vous êtes obligé de passer en revue à cause de l'honneur, commencez avec le dix, parce que vous forcerez votre adversaire à mettre l'honneur à son préjudice, ou du moins vous donnerez le choix à votre associé de laisser passer la carte ou non.

21° Si vous avez l'as, le roi et trois petits atouts, commencez par un petit, pour les raisons exposées au n° 16.

22° Si vous avez l'as, le roi et le valet, accompagnés de deux petits atouts, commencez par le roi, parce que cela doit apprendre à votre associé que vous avez encore l'as et le valet en main, et en faisant en sorte qu'il tienne la main, il jouera certainement atout;

vous devez à votre tour faire une feinte avec le valet; ce jeu est immanquable à moins que la dame ne se trouve seule derrière vous.

23° Si vous avez le roi, la dame et trois petits atouts, commencez par un petit, pour les raisons déduites au n° 16.

24° Si vous avez le roi, la dame, le dix et deux petits atouts, commencez par le roi (voyez le n° 22).

25° Si vous avez la dame, le valet et trois petits atouts, commencez par un petit (voyez le n° 16).

26° Si vous avez la dame, le valet, le neuf et deux petits atouts, commencez par la dame (voyez le n° 17).

27° Si vous avez le valet, le dix et trois petits atouts, commencez par un petit (voyez le n° 16).

28° Si vous avez le valet, le dix et deux petits atouts, commencez par le valet, parce qu'il y a probabilité que le neuf tombera aux deux tours, où vous pourrez faire une feinte avec votre huit, si votre associé vous fait un retour en atout.

29° Si vous avez cinq atouts en basses cartes, le meilleur parti sera de commencer à jouer par la moindre de ces cartes, à moins que vous n'ayez une séquence de dix, neuf et huit, dans ce cas il faut entrer en jeu par les plus hautes de la séquence.

30º Si vous avez l'as, le roi et deux petits atouts, commencez par un petit (voyez le nº 16).

31º Si vous avez l'as, le roi, le valet et un petit atout, commencez par le roi (voyez le nº 22).

32º Si vous avez le roi, la dame et deux petits atouts, commencez avec un petit (voyez le nº 16.)

33º Si vous avez le roi, la dame, le dix et un petit atout, commencez par le roi, et attendez jusqu'à ce que votre associé vous rejoue atout; alors faites une feinte avec le dix pour gagner le valet.

34º Si vous avez la dame, le valet, le neuf et un petit atout, commencez par la dame, afin d'empêcher par là que le dix ne fasse sa levée.

35º Si vous avez le valet, le dix et deux petits atouts, commencez par un petit (voyez le nº 16).

36º Si vous avez le valet, le dix, le huit

et un petit atout, commencez avec le valet, afin d'empêcher que le neuf ne fasse sa levée.

37° Si vous avez le dix, le neuf, le huit et un petit atout, commencez avec le dix, parce que vous laissez par là à la discrétion de votre associé s'il veut le laisser ou non.

38° Si vous avez le dix et trois petits atouts, commencez par un petit.

39° Si vous avez l'as, le roi et quatre petits atouts accompagnés d'une bonne couleur, il faut faire trois fois de suite atout, sans quoi on pourrait vous couper la couleur que vous portez.

40° Si vous avez le roi, la dame et quatre petits atouts et en outre une bonne couleur, jouez atout du roi, parce que vous pourrez faire trois fois atout quand vous serez premier à jouer.

41° Si vous avez le roi, la dame, le dix et trois petits atouts, avec un autre bonne couleur, faites atout du roi, dans l'espérance que le valet tombera au second coup. Ne vous amusez pas à faire une feinte avec le dix, de peur qu'on ne vous coupe la forte couleur que vous portez.

42° Si vous avez la dame, le valet et trois

petits atouts avec une autre bonne couleur, jouez atout d'un petit.

43° Si vous avez la dame, le valet, le neuf et deux petits atouts, avec une autre bonne couleur, jouez atout de la dame, dans l'espérance que le dix tombera au second coup. Ne vous amusez pas à faire une feinte avec le neuf, mais jouez plutôt atout une seconde fois.

44° Si vous avez le valet, le dix et trois petits atouts et une autre bonne couleur, faites atout d'un petit.

45° Si vous avez le valet, le dix, le huit et deux petits atouts, avec une autre bonne couleur, faites atout du valet dans l'espoir de faire tomber le neuf au second coup.

46° Si vous avez le dix, le neuf, le huit et un petit atout avec une bonne couleur, jouez atout du dix.

Les exemples et les conseils ci-dessus, destinés aux commençants, comprennent les combinaisons essentielles du jeu. Ils indiquent la manière de débuter et de bien jouer les atouts qui en font toute la force, et dont l'emploi raisonné doit assurer le gain de la partie.

Modifications du Whist.

Ce jeu ne varie point quant au fond, mais il varie quant au nombre de points nécessaire pour gagner une partie, et pour la valeur attribuée aux honneurs.

Le Whist se joue le plus ordinairement en dix points, comme nous l'avons dit plus haut; mais on le joue aussi en quatre, cinq, six et sept points.

Whist en sept points. La levée n'y compte que pour un point, de même que chaque honneur, et chaque côté marque ses honneurs.

Whist en six points. Chaque levée vaut un point et les honneurs ne sont comptés que lorsqu'il y en a trois, lesquels valent deux points. Quatre honneurs comptent pour quatre points.

Whist en cinq points ou *Short-Whist*. C'est le Whist ordinaire en raccourci; il est fort à la mode à cause de sa marche plus rapide et de sa complication moins grande. Dans cette forme, la levée compte pour un point, quatre honneurs pour quatre points, trois honneurs pour deux points, deux honneurs ne comptent pas.

Whist en quatre points. Ici les levées seules comptent à l'exclusion des honneurs.

Dans les parties à cinq, six et sept points, les honneurs ne comptent plus dès qu'un seul point suffit pour le gain de la partie.

La Mort ou *le Whist à trois.* Cette modification suit, de même que les précédentes, les règles ordinaires du Whist. On nomme *Assaillants* les deux partners qui attaquent le *mort,* c'est-à-dire, le *défendeur.* La solidarité des assaillants est la même qu'au Whist à quatre, mais le défendeur n'ayant pas de partner est libre dans son jeu, sauf l'observation des règles. Il manœuvre donc pour son propre compte. Par une exception spéciale, le mort ne renonce pas et ses fautes n'entraînent que la remise.

Le *Whist prussien.* Il ne diffère en rien du Whist ordinaire si ce n'est qu'au lieu de prendre pour atout la dernière carte du jeu en distribution, on la tire d'un second jeu entier. Il en résulte que le donneur n'a aucun avantage sur les autres joueurs, vu qu'il ne profite pas de la retourne.

VOCABULAIRE DES TERMES EMPLOYÉS AU WHIST.

Atouts. Les atouts ont une grande importance dans le Whist. C'est la valeur dominante de chaque coup. Elle emporte toutes les cartes des autres couleurs. Lorsqu'on ne peut fournir à la couleur demandée, on jette sur cette couleur un atout. Ce qui s'appelle *couper*.

Affranchir. Si en jouant vous parvenez à faire tomber les cartes supérieures d'une couleur dans laquelle vous n'êtes pas maître, vous affranchissez celles qui vous restent en main.

Carte fausse. Carte sans importance dont on se défait quand on peut renoncer, et qu'on n'a pas d'intérêt à conserver.

Carte-roi. On donne ce nom à une carte quelconque, laquelle se trouve, dans sa couleur, la plus haute du jeu.

Carte tirée. C'est celle que le joueur a tirée de son jeu sans néanmoins la laisser voir.

Cartes équivoques. C'est le neuf, le dix, parce que, quelquefois, ces cartes sont employées comme *invites*, et d'autre fois point.

Contre-invite. La contre-invite a lieu lorsque le joueur dernier en main, rend l'invite de son adversaire de gauche.

Chelem. Si les deux associés font les treize levées on dit qu'ils font *chelem*. Ils gagnent alors dix fiches et la partie continue.

Coup. Le coup au Whist se compose des treize levées, résultant de chaque donne.

Défausser (se). Se défaire d'une mauvaise carte à l'occasion d'une renonce.

Devoir (faire le). C'est faire six levées sur les treize dont se compose un coup.

Enfilade. Nom d'une partie de Whist dans laquelle on reporte, sur la partie qui doit suivre, les points qui dépassent le nombre de ceux dont on a besoin pour finir la partie en train.

Fiches de consolation. Celles qu'on paie spécialement pour le gain d'un *robre* (partie liée).

Flux. On dit qu'un joueur est *à flux*, lorsqu'il n'a plus que des cartes d'une seule couleur.

Forcer. C'est lorsque, dans la couleur jouée, on fournit une carte plus forte que celle ou celles qui sont sur le tapis. On force également lorsqu'on joue d'une couleur dont l'un des autres joueurs n'a pas, afin de l'obliger à couper.

Impasse. Elle consiste à mettre sur la couleur demandée une carte inférieure, afin de dissimuler la carte supérieure que l'on possède. On ne doit faire l'impasse qu'à coup sûr, et jamais lorsqu'on a un jeu incertain.

Intermittentes ou Tenaces. On donne ce nom à deux cartes de même couleur séparées par une carte intermédiaire qui manque. Ainsi : le roi et le valet, la dame et le dix, le neuf et le sept, sont des cartes intermittentes.

Invite. On donne ce nom à une carte destinée à engager la partie, et quelquefois aussi à faire pressentir à son partner la composition de son jeu ; car remarquons ici que ce qui rend le Whist particulièrement piquant, c'est qu'on ignore absolument quelles sont les cartes qui composent le jeu de son associé. On peut seulement conjecturer qu'il a celles qui vous manquent, à moins que ce ne soient les adversaires ; et le premier soin d'un joueur est de chercher à deviner dans quelles mains sont les cartes qui lui font défaut.

Jouer en dessous. Faire la contre-invite par une basse carte en conservant dans son jeu la carte-roi de la même couleur.

Long atout. Le dernier atout restant en main d'un joueur, les autres étant tombés.

Manche ou Partie. Une manche est gagnée lorsqu'on a marqué dix points. Si les adversaires n'ont pu en marquer un seul, elle est comptée triple et l'on reçoit trois fiches; si les adversaires ont marqué quatre points ou moins de quatre points, la manche est double et l'on n'a que deux fiches; s'ils en ont marqué plus de quatre, elle est simple et se paie une fiche. Ceux qui gagnent le *robre* reçoivent, outre les fiches dévolues à chaque manche, trois ou quatre *fiches de consolation*. Si on a joué trois manches, on défalque les fiches de consolation gagnées par les perdants.

Navette. Deux joueurs font la navette lorsque tour à tour ils jouent chacun une couleur dont l'autre n'a pas et forcent à couper.

Parti. Les joueurs sont divisés en deux

partis. Chaque parti se compose d'un joueur et de son partner.

PHASES. Changer le jeu de cartes avec lequel joue un parti depuis le commencement d'un robre, avec le jeu dont se sert l'autre parti. On ne peut phaser que du consentement des autres joueurs.

PUITS. On dit qu'un parti est au puits lorsqu'il n'a plus qu'un point à jouer pour gagner la partie.

ROBRE (du mot anglais *Robber*, voleur). On appelle ainsi une partie complète de Whist; elle se compose de trois parties liées. Pour gagner un robre, il faut que l'une des deux associations, jouant contre l'autre, gagne deux parties.

SECONDE MEILLEURE. C'est le nom que l'on donne à la carte immédiatement inférieure à la meilleure d'un jeu : le roi, par exemple, quand l'as est encore au jeu.

SINGLETON. On donne ce nom anglais, qui vient du mot *sing* (seul), à la carte unique d'une couleur, laquelle se trouve au nombre des treize qu'on nous a données.

TOUR. Un tour est formé au Whist par le jet

successif de quatre cartes sur le tapis par les quatre joueurs.

TRICK. La septième levée faite par un parti.

———

Telles sont les règles principales, les modifications, les termes employés et les pénalités de ce jeu compliqué et difficile. Une pratique suivie, beaucoup de mémoire et de perspicacité sont nécessaires pour le jouer avec succès. Les personnes qui désireront approfondir les moindres détails tenant aux principes et à la marche de ce jeu, pourront consulter les ouvrages suivants (1).

WHIST DE GAND.

De même que le Whist anglais, le Whist de Gand se joue à quatre personnes en se servant alternativement de deux jeux de cartes entiers de cinquante-deux cartes, et dont les revers sont de couleur différente.

---

(1) *Traité du jeu de Whist*, par *Edouard Hoyle*, traduit de l'Anglais. — *Traité du jeu de Whist*, par *Deschapelles*, Paris, 1839.—*Manuel complet du jeu de Whist*, Paris 1847. — *Le Whist rendu facile par un amateur*, 2ᵉ édition; Paris, Garnier 1855.

Les places sont déterminées par le sort ; on prend dans chacun des deux jeux quatre cartes pareilles ; par exemple, un as, un roi, une dame et un valet. On place d'avance sur le tapis et à découvert, les quatre cartes différentes aux places que doivent occuper les joueurs. Puis on leur présente les quatre autres cartes retournées et qu'on a eu soin de bien mêler. Chacun en ayant tiré une, va prendre la place qu'indique la carte semblable à la sienne mise sur le tapis.

On conserve jusqu'à la fin du jeu la place dévolue par le sort.

A côté de chaque joueur est un panier contenant des fiches et des contrats. Un autre panier plus grand est destiné à recevoir les mises. Avant la première donne, on fixe d'un commun accord le prix des fiches.

Celui des joueurs qui a tiré l'as a la donne ; il place le panier à sa gauche et y dépose deux fiches, les autres joueurs font de même, ce à quoi il doit veiller, car il devient responsable du contenu du panier.

Les cartes se distribuent de gauche à droite au nombre de treize à chaque joueur. On donne d'abord quatre fois trois cartes à chacun, puis une carte seule qui formera la treizième. La dernière carte qui désigne l'atout, reste sur le tapis, seulement jusqu'à ce que l'on ait joué la première carte du second tour, alors le donneur la prend et la place dans son jeu.

On distingue dans ce jeu le *solo* et la *proposition*. Le solo, c'est l'offre que fait un joueur de jouer seul contre les quatre autres. Le solo ne gagne que par un minimum de cinq levées.

La proposition consiste à demander un partner, en disant : *Je propose*. L'association avec un partner ne gagne qu'en faisant huit levées au moins.

Un solo annoncé par un des joueurs ne peut, de même que la proposition, être retiré sous prétexte d'erreur. Lorsque celui à qui c'est le tour de jouer a beau jeu, il dit : *Je joue le solo*, ou simplement : *Solo;* ou encore il joue sans rien dire; il est alors censé avoir entrepris le solo.

Quand le jeu n'est pas assez fort pour faire le solo, mais qu'il s'y trouve les éléments d'une association, il propose.

Mais si le jeu est trop faible pour l'un

ou l'autre de ces deux cas, il dit : *Je passe*.

Lorsqu'un des joueurs joue le solo, on ne peut enchérir sur lui en proposant de faire plus de cinq levées, ou plus de huit avec un partner ; mais s'il passe, la parole arrive au joueur suivant, qui a la faculté de jouer le solo ou de proposer. Les deux autres joueurs ont la même faculté, mais ils ne peuvent en user avant leur tour de parole.

Le solo l'emporte sur la proposition. Aussi la proposition et son acceptation n'ont d'effet que lorsque tous les joueurs ont parlé, car le solo peut avoir lieu nonobstant l'acceptation d'une proposition.

Le joueur qui a fait une proposition non acceptée peut la convertir en solo.

Le joueur qui est en main ayant passé, il ne perd point par cela la faculté d'accepter une proposition lorsque son tour de parole revient.

Quand une proposition est restée sans effet, ou qu'il n'y a pas eu de solo, ou encore lorsque tous les joueurs ont passé, la main passe, on refait, et chaque joueur met une fiche au panier des enjeux.

Lorsqu'on a fait les cinq levées nécessaires pour le gain du solo, chacun des autres joueurs est tenu de donner au gagnant deux fiches, et une en sus pour chaque levée par laquelle on aura dépassé le nombre de cinq, et cela jusqu'à la douzième levée inclusivement; mais s'il va jusqu'à la treizième, c'est-à-dire s'il fait *chelem*, chacun des perdants lui verse trente-six fiches.

Au reste, le panier des mises ou enjeux appartient à celui qui gagne le solo par le minimum de cinq levées.

Lorsqu'on perd le solo, le nombre de fiches que doit payer le perdant dépend du nombre de levées qu'il a faites; s'il n'a fait que quatre levées au lieu de cinq, il paie une fiche à chacun des trois autres joueurs. S'il n'a fait que trois levées, il paie deux fiches; trois fiches s'il n'a fait que deux levées. De plus, il est tenu de mettre au panier autant de fiches qu'il en contient déjà, et six en sus.

Quand, à la suite d'une proposition acceptée, deux joueurs se sont associés, et qu'ils ont fait les huit levées exigées, ils reçoivent chacun trois fiches de leurs adversaires, plus individuellement une fiche pour chaque levée en sus, jusqu'à la douzième inclusivement. S'ils arrivent à faire *chelem*, ils recevront chacun seize fiches.

Supposons actuellement que l'association a succombé, chacun des associés paiera à l'un des deux adversaires quatre fiches, si l'on n'a pas dépassé sept levées, cinq fiches pour six levées, quatre fiches pour trois levées, ajoutant ainsi une fiche à chaque levée manquant.

Par suite des nombreuses mises de fiches auxquelles ce jeu donne lieu, leur accumulation peut devenir trop considérable; on y obvie en convenant à l'avance d'un minimum de tant de fiches, après lequel les perdants ne verseront pas immédiatement leur dette au panier; mais il en est tenu note, et la dette sera réservée pour servir de première mise au solo qui doit suivre. Au reste, les fiches provenant des passes ne reçoivent pas la même destination, car elles sont affectées à la mise de la partie qui se joue, et n'est point réservée aux solos qui auront lieu ensuite.

Quant à la durée d'une partie, il n'est pas

d'usage de la déterminer d'avance. Si l'un des joueurs désire qu'elle finisse, il annonce que le solo qui va succéder à celui que l'on vient de gagner sera le dernier.

Il est temps de parler des fautes que l'on peut commettre au Whist de Gand, en indiquant la pénalité qu'on y a attachée.

1° Quand il y a mal-donne, le donneur reprend les cartes, les mêle de nouveau, et verse au panier une amende de quatre fiches. On assimile à la mal-donne les fautes suivantes : montrer ou regarder la carte de dessous avant d'avoir achevé la distribution ; — quand on retourne une carte en donnant ; — lorsqu'au lieu de retourner la retourne sur le tapis, le donneur la jette sur ses propres cartes.

2° S'il se trouve dans le jeu une carte retournée sans que cela provienne directement de la faute du donneur, celui-ci mêle de nouveau et n'est pas soumis à l'amende.

3° Le joueur qui relève ses cartes avant que la retourne soit connue paie une amende de quatre fiches.

4° Lorsqu'une carte de la donne est retournée par la faute d'un autre joueur, c'est celui-ci qui paie l'amende de quatre fiches.

5° Dans aucun cas de mal-donne la main ne passe, vu que le premier en cartes ne doit pas souffrir de la faute du donneur.

6° Celui qui n'ayant point vérifié son jeu avant le premier coup joué, et qui se trouve plus ou moins que treize cartes, paie une amende égale à la moitié de ce que contiendra le panier s'il a joué avec ce jeu fautif.

7° Celui auquel il manquera une carte et qui n'aura point réclamé en temps, verra le coup maintenu, si les autres joueurs ont le nombre de cartes voulu; la dernière levée appartiendra à la partie adverse et de plus, comme avec une carte de moins, il y a nécessairement renonce, il encourra la même pénalité que pour la renonce.

8° Si le jeu étant complet on reconnaît, après la première levée, que, par une conséquence nécessaire, l'un a joué avec douze cartes et l'autre avec quatorze, le coup devient nul et chacun des joueurs en faute encourt une amende équivalente à la moitié du contenu du panier.

9° La renonce, quand on possède de la

couleur demandée et quand elle a lieu en solo, paie une amende équivalente au contenu du panier. Elle donne lieu, en outre, à la perte de trois levées qui profitent à la partie adverse ; de plus, elle empêche de gagner le coup, quand même on aurait le nombre de levées nécessaire.

10° La renonce, dans le cas d'association, devient une faute solidaire entre les associés ; mais si elle n'est point passible d'amende, elle donne lieu à la perte de trois levées au profit de la partie adverse, et elle empêche de gagner, de même que ci-dessus.

11° Celui qui a mêlé les levées de manière qu'on ne puisse reconnaître leur ordre successif, dans le cas où une vérification deviendrait nécessaire encourt une amende égale à celle prononcée contre la renonce.

12° Celui qui forme le *tableau* (voyez le N° 14 des règles du Whist anglais, page 68) sans que la demande en ait été faite et que tous les joueurs n'aient pas encore été servis, paie une amende de quatre fiches.

13° Bien qu'une proposition ait été acceptée par l'un des joueurs, le proposant ne doit jeter une carte que quand les deux adversaires restant auront parlé à leur tour. Une carte jouée ainsi prématurément, peut être retirée ou maintenue à la volonté des adversaires.

14° Il n'est pas défendu de voir les deux dernières levées, mais si une nouvelle carte est jouée, ce droit ne peut être réclamé que lorsque la nouvelle levée sera complète, alors elle fait partie des deux levées qu'on pourra voir.

15° Toutes les fois que la faute contre laquelle on prononce une amende ne nécessite pas que les cartes soient mêlées de nouveau, l'amende n'est versée au panier que pour le coup suivant et on lui applique la disposition relative au *minimum* dont il est question à la page 103.

16° Nous pourrions encore citer beaucoup d'autres règles, mais il suffira de dire que toutes les règles du Whist anglais qui peuvent s'appliquer au Whist de Gand, sont généralement admises de plein droit.

LE BOSTON.

Ce jeu, qui commença à être en usage en 1778, doit son nom à la ville de Boston, où fut proclamée l'indépendance américaine. Il est décrit dans plusieurs ouvrages de cette époque sous le nom de *Whist bostonien*.

La manière de jouer ce jeu a changé bien des fois. On joue encore le Boston ordinaire, mais beaucoup de personnes donnent la préférence au *Boston de Fontainebleau*. Le fond des deux jeux étant le même, nous décrirons d'abord le premier, puis nous indiquerons les modifications apportées au Boston de Fontainebleau.

On joue le Boston à quatre personnes, avec un jeu de cinquante-deux cartes. L'as est la carte supérieure de chaque couleur. Les autres cartes ont la même valeur qu'au Whist. Il y a quatorze atouts, savoir : le valet de carreau, auquel on donne le nom de *Boston*, et les treize cartes de la couleur dont on joue.

Lorsqu'on joue en carreau, le valet de

cœur devient *boston* à son tour, et remplace le valet de carreau, qui se trouve compris dans les treize atouts.

Le boston domine toutes les autres couleurs, sans en excepter celle d'atout. C'est la plus forte carte du jeu : il prend tout.

On tire les places et au sort au moyen d'un jeu de cartes. La carte la plus haute choisit sa place; celle qui occupe le second rang en valeur se place à droite de la première, viennent ensuite les deux autres qui se placent dans le même ordre.

Les places ainsi déterminées restent les mêmes pendant toute la partie. Pour la donne, on divise un jeu de cartes en quatre paquets que l'on distribue aux quatre joueurs; celui dans le paquet duquel se trouve une carte désignée d'avance, la dame de cœur, par exemple, doit donner le premier.

Le joueur auquel est échu le droit de donner est chargé de recueillir la mise des autres joueurs, qui est ordinairement d'un jeton, valant dix fiches, dont on fixe d'avance la valeur, et il y ajoute sa mise. Ces enjeux sont placés dans une corbeille, à la droite de celui qui a donné. Outre cette corbeille, chaque joueur en a une qui contient l'équivalent de cent-vingt fiches, en jetons, contrats et fiches.

On distribue les cartes par quatre ou par trois, puis par une, ce qui complète le nombre de treize à chaque joueur. Le donneur, au premier coup, retourne la dernière carte, qui se trouve être la cinquante-deuxième.

Cette carte indique la couleur dominante de la partie et l'atout du coup qu'on va jouer. On l'appelle la *belle*, et on la place à découvert sur le tapis, jusqu'à ce qu'on ait fait la première levée. Le donneur la reprend alors, et la met dans son jeu.

A chaque donne, on tourne de même la dernière carte du jeu, qui devient l'atout du coup ; mais si cet atout n'est pas de la même couleur que la *belle*, la carte retournée n'est qu'en *petit*, terme consacré pour désigner un atout d'un ordre inférieur ; mais le joueur a la faculté de jouer la belle.

L'usage a donné des valeurs différentes aux couleurs. On regarde généralement le cœur comme la première ; puis viennent le carreau, le trèfle et le pique en dernier.

La donne des cartes terminée, le premier

joueur, placé à la droite du donneur, ayant examiné son jeu, dit : *Je passe*, s'il ne trouve pas ses cartes assez bonnes pour engager le jeu, et alors la parole est à son voisin de droite. Dans le cas contraire, il dit : *Je demande*, en indiquant la couleur; mais il lui est interdit de nommer la carte qu'il a posée retournée sur le tapis.

Ces mots ont pour objet l'appel d'un associé. Le second joueur a le droit de passer ou de le soutenir. Dans ce dernier cas, il dit : *Je soutiens*. Alors il peut demander une couleur plus importante. Les mêmes droits appartiennent tour à tour aux autres joueurs.

Quand le second joueur passe, le troisième et le quatrième ont la parole. Les trois premiers joueurs ayant passé, si le quatrième demande, la parole revient naturellement au premier, puis aux autres, si celui-ci passe encore.

Lorsqu'il y a demande et soutien, il y a association entre les deux joueurs, mais pour le coup seulement. Les deux autres joueurs se trouvent alors forcément associés pour combattre leurs adversaires.

Indépendamment de la demande qui a

pour objet l'appel d'un soutien, et, par conséquent, qui provoque l'association de deux joueurs, il est d'autres cas par suite desquels l'un des joueurs joue seul contre trois. (Voyez l'article VI du règlement.)

La *demande simple* consiste à faire cinq levées seul, ou huit levées à deux.

La *petite indépendance*, lorsqu'on fait seul six levées.

La *grande indépendance*, lorsqu'on fait seul huit levées. La demande de l'indépendance se fait en toutes couleurs. La perte occasionne la *bête* ou la *remise*, et un paiement aux trois autres joueurs, fixé par le tarif.

On peut demander l'*indépendance à neuf levées, seul*.

Une demande à deux est annulée par celle de l'indépendance.

La misère consiste à ne faire aucune levée. La *petite misère* se joue avec écart, et la *grande misère* sans écart, elle annule la petite indépendance. En demandant ce coup, on déclare que l'on mettra à l'écart une carte de son jeu : les autres joueurs écartent également une carte. Le gain de la misère assure le panier et un paiement réglé par le tarif. La perte de la misère donne lieu à la *bête* ou *remise* et à un paiement à chacun des adversaires; la misère avec écart rend nulle la grande indépendance.

Le *chelem* a lieu lorsque le joueur fait seul, ou avec un partner qui le soutient, toutes les levées du jeu. Le chelem à deux a moins d'importance que le chelem par un seul.

La partie de boston se joue le plus souvent en huit tours et quelquefois en dix; mais alors on décide souvent que, pour ces deux derniers tours, tous les paiements seront doublés.

Faire le devoir, c'est effectuer le nombre de levées nécessaire pour gagner un coup; les levées faites au delà de ce nombre sont payées à part.

Règlement du Boston.

1° Toute carte vue au boston nécessite le refait. Si la carte a été vue par la faute du donneur, la main passe au joueur suivant.

2° Le joueur qui donne répond du contenu de la corbeille contenant les enjeux. Dès que les cartes ont été coupées, on ne peut rien enlever de la corbeille. Ceci s'applique aux gagnants qui auraient négligé d'en retirer leur gain ; tout son contenu appartient à ceux qui gagneront le coup d'après.

3° Lorsqu'il n'y a pas de demande d'*indépendance*, le jeu se joue deux contre deux.

4° Celui des joueurs qui a dit : *Je demande* ne peut revenir sur sa parole, même en prétextant une erreur ; il en est de même s'il a dit : *Je passe*.

Tout joueur qui a passé une fois ne peut plus demander, mais il lui reste le droit de soutenir une demande.

5° La corbeille reste dans le même état lorsque les quatre joueurs passent, mais le coup suivant est double.

6° Le joueur qui a demandé et qui n'est accepté de personne, est forcé de jouer seul contre les autres joueurs, qui se réunissent pour le faire perdre ; mais il n'est tenu alors qu'à cinq levées. S'il les fait, il prend seul la corbeille, et reçoit son paiement des autres joueurs.

7° La demande d'un joueur en petite couleur peut être annulée par la demande d'un autre en belle; mais, à son tour, celle-ci sera repoussée si un troisième joueur propose l'*indépendance*, c'est-à-dire de jouer seul en l'une des deux autres couleurs. Ce cas particulier se nomme le *solo*.

8° Le premier joueur, celui qui avait demandé à jouer en petite couleur, peut annuler la demande du solo, en offrant de jouer l'indépendance dans la couleur de la retourne. Cette dernière demande deviendra nulle si le demandeur en belle propose de jouer seul en cette couleur. Enfin, toute cette série de propositions sera comme non avenue sur l'offre d'un joueur de faire seul les neuf levées dans la couleur qu'il proposera.

9° Pour gagner la corbeille, il faut avoir fait huit levées au moins. Si le demandeur ou l'accepteur n'en ont pas fait huit (cinq par celui qui demande et trois par celui qui accepte), ils doivent *faire la bête*, c'est-à-dire mettre au panier autant de jetons qu'il en contient, et de plus payer aux adversaires ce qu'ils auraient reçu, s'ils avaient gagné.

10° Le joueur qui n'a pas son compte de

levées pendant que son associé a le sien empêche celui-ci de gagner, mais il ne le fait pas perdre; il perd seul, c'est-à-dire qu'il doit payer à ses adversaires le coup et la consolation.

11° On comprend, d'après ce qui précède, que le demandeur et l'accepteur ne doivent pas confondre leurs levées ; car l'un peut avoir fait son *devoir*, c'est-à-dire obtenu le nombre de levées nécessaire, tandis qu'au contraire l'autre devra *faire la bête*.

12° Si l'un et l'autre n'ont fait que leur *devoir*, c'est-à-dire s'ils n'ont obtenu que le nombre de levées strictement nécessaire, ils partageront la corbeille, et recevront une simple *consolation*.

13° On doit réclamer sur-le-champ le paiement d'un coup. On n'est plus admis à le faire dès que les cartes du coup suivant ont été coupées.

14° Si à eux deux les partners ont fait plus que leur devoir, ils recevront ce qui est indiqué plus loin au tableau des paiements pour chacune des levées excédentes.

15° Il est interdit de relever les cartes jouées pour reconnaître celles qui sont passées. On peut cependant demander à voir la dernière levée, pourvu que la suivante soit encore sur le tapis.

16° La *renonce* illégale, c'est-à-dire celle qui a lieu lorsqu'on a la couleur demandée, est punie ; fût-elle involontaire, elle doit être supportée, suivant son importance, par les deux ou par un seul associé. Le plus souvent on annule le coup, et puis le joueur en faute doit mettre au moins vingt fiches au panier, et la main passe au voisin.

17° On est tenu de fournir de la couleur demandée lorsqu'on en a, mais non de donner la plus forte carte.

18° Lorsqu'un joueur, se croyant sûr de son jeu, étale sur le tapis le reste de ses cartes, il est obligé de faire le tout. S'il manque une seule levée, la totalité non-seulement de ses cartes, mais aussi toutes celles de son associé appartiennent à leurs adversaires.

Boston de Fontainebleau.

Ce boston n'admet pas de carte dominante ou de carte dite boston.

Il n'y a point de retourne à la fin de chaque donne, et il n'y a ni atout ni belle couleur.

Les couleurs sont ainsi classées suivant leur importance :

1. Cœur.
2. Carreau.
3. Trèfle.
4. Pique.

On voit que le cœur domine toutes les autres couleurs, de même que le carreau est supérieur au trèfle, au pique, et le trèfle l'emporte sur le pique.

Les paiements à ce jeu sont toujours en rapport avec l'importance de la couleur. La demande en cœur obtient la préférence sur les autres couleurs. Si l'on gagne, le gain est plus considérable, mais par compensation la perte est plus forte.

Au Boston de Fontainebleau, outre le gain du coup et les levées en sus, on paie encore les honneurs, c'est-à-dire l'as et les figures de chaque couleur. Quatre honneurs se paient pour quatre, trois honneurs se comptent comme deux honneurs, deux honneurs ne se paient pas.

Voici la valeur respective des demandes :

1° Une simple demande est enlevée par l'indépendance à six levées.

2° L'indépendance à sept levées enlève la petite misère ; à huit levées, elle enlève le *piccolissimo*, lequel consiste à ne faire qu'une seule levée sans écart. A neuf levées, elle enlève la grande misère.

3° La petite misère avec écart enlève l'indépendance dans la couleur correspondante.

4° La misère des quatre as enlève l'indépendance à neuf levées, mais à dix le contraire a lieu.

On joue sans écart la misère des quatre as. On a la faculté de renoncer à chaque couleur jusqu'à la dixième carte, mais à partir de cette carte il faut fournir la couleur. On ne doit faire aucune levée.

Le joueur qui fait la petite misère sur table écarte une carte, et met son jeu sur le tapis. Les autres joueurs jouent comme à l'ordinaire, en tenant leur jeu caché. Elle enlève la demande pour six levées dans la couleur correspondante.

L'indépendance ou demande par onze levées l'emporte sur la petite misère sur table.

La grande misère sur table, pour laquelle le joueur ne fait point d'écart, enlève au contraire la demande pour onze levées. A douze levées l'indépendance l'emporte sur la grande misère.

Le boston seul, qui est l'engagement de faire seul les treize levées, enlève l'indépendance à douze levées; mais le boston sur table enlève le boston seul. On comprend que celui qui le propose étale ses cartes sur le tapis; ses adversaires, au contraire, ne montrent point leur jeu.

Voici un tableau présentant le tarif de tous les coups du Boston de Fontainebleau. Ce soulagement de la mémoire est de la plus grande utilité dans un jeu aussi compliqué, et il serait à désirer qu'on l'appliquât au Boston ordinaire, en le modifiant convenablement.

Les chiffres placés dans les quatre colonnes représentent le nombre de fiches affectées au paiement de chaque coup.

Au reste, cette variété du Boston ne diffère pas essentiellement du Boston ordinaire, mais des rapports mieux établis entre les demandes et les paiements semblent devoir lui mériter la préférence.

LE BOSTON.

CARTE DE PAIEMENT.	PIQUE.	TRÈFLE.	CARREAU.	CŒUR.
Cinq levées seul ou 8 levées à deux.	4	8	12	16
Trois honneurs.	3	6	9	12
Quatre honneurs.	4	8	12	16
Chaque levée en sus.	1	2	3	4
Chelem ou Boston à deux.	50	100	150	200
Six levées ou indépendance.	6	12	18	24
Trois honneurs.	4	8	12	16
Quatre honneurs.	6	12	18	24
Chaque levée en sus.	2	4	6	8
Petite misère.	16	32	48	64
Sept levées.	9	18	27	36
Trois honneurs.	6	12	18	24
Quatre honneurs.	9	18	27	36
Chaque levée en sus.	3	6	9	12
Piccolissimo.	24	48	72	96
Huit levées,	12	24	36	48
Trois honneurs.	8	16	24	32
Quatre honneurs.	12	24	63	48
Chaque levée en sus.	4	8	12	16
Grande misère.	32	64	96	128
Neuf levées.	15	30	45	60
Trois honneurs.	10	20	30	40
Quatre honneurs.	15	30	45	60
Chaque levée en sus.	5	10	15	20
Misère des quatre as.	40	80	120	160
Dix levées.	18	36	54	72
Trois honneurs.	12	24	36	48
Quatre honneurs.	18	36	54	72
Chaque levée en sus.	6	12	18	24
Petite-misère sur table.	48	96	144	192
Onze levées.	21	42	63	84
Trois honneurs.	14	28	42	56
Quatre honneurs.	21	42	63	84
Chaque levée en sus.	7	14	21	28

CARTE DE PAIEMENT.	PIQUE.	TRÈFLE.	CARREAU	CŒUR.
Grande misère sur table.	56	112	168	224
Douze levées.	24	48	72	96
Trois honneurs.	16	32	48	64
Quatre honneurs.	24	48	72	96
Chaque levée en sus.	8	16	24	32
Boston seul.	100	200	300	400
Boston sur table.	200	400	600	800

LA BOUILLOTTE.

Ce jeu de cartes se joue à cinq et à trois personnes, mais le plus souvent à quatre; il ressemble beaucoup au brelan et lui a succédé. La Bouillotte a été longtemps le jeu à la mode dans les salons et il est encore très-suivi. Il se joue avec une extrême rapidité et expose en un instant les personnes sans expérience de ce jeu, à des pertes considérables.

Le nombre des joueurs est le plus souvent de cinq. On emploie deux jeux de 32 cartes dont on supprime les sept, lorsqu'on joue à cinq. A quatre on retire les sept, les dix et les valets, ce qui réduit chaque jeu à vingt cartes.

Valeur des cartes. L'as vaut onze points,

les figures chacune dix points, les autres cartes valent les points qu'elles indiquent.

Tirage des places. On tire de chaque jeu un as, un roi, une dame, un valet et un dix. On place les unes *à découvert* autour de la table de Bouillotte qui est ordinairement ronde et on présente les autres *à couvert* aux joueurs. Chacun tire une carte au hasard et la carte correspondante placée sur la table lui indique sa place. S'il n'y avait que quatre joueurs on supprimerait les dix.

Les joueurs se placent alors à la table de jeu, en allant de gauche à droite et dans l'ordre indiqué par la valeur relative des cartes.

Quand la société est nombreuse et qu'il s'y trouve des joueurs *expectants*, c'est-à-dire, qui doivent remplacer ceux qui quitteront la Bouillotte, on augmente le nombre de cartes à tirer, on leur en distribue également, et ces *rentrants* prennent place au jeu dans l'ordre de leurs cartes.

De la cave. On place à côté de chaque joueurs cinq jetons ou cinq fiches; chaque fiche valant cinq jetons, ce qui donne trente jetons pour l'importance de la première mise ou *cave*.

La valeur numéraire de chaque jeton est fixée par les joueurs avant de commencer le jeu.

Les joueurs ne peuvent se caver de plus de trente jetons, à moins qu'ils n'aient déjà été décavés une fois.

Lorsqu'un des joueurs est décavé, c'est-à-dire, qu'il a perdu ses trente jetons, il cède sa place à un rentrant, mais, s'il n'y a pas de rentrants, le joueur décavé peut y rentrer en mettant au jeu autant d'argent que les trois joueurs réunis en ont devant eux.

Lorsqu'on jouait encore la Bouillotte à cinq personnes, chaque joueur mettait un jeton devant lui, mais, à la Bouillotte à quatre, le donneur seul met un jeton.

On met au flambeau de la table de jeu la valeur des caves, afin que lorsqu'un ou plusieurs joueurs se retirent du jeu, on puisse repartir à chacun son gain proportionnellement au nombre de jetons qui lui reste.

De la donne. Quoique l'as soit la plus forte carte du jeu, il est d'usage que la *donne* appartienne à celui auquel est échu le roi ; par conséquent, le premier en cartes, est le joueur qui a la dame. Le donneur prend l'un des deux jeux de cartes dont nous avons parlé ; l'autre est placé à la droite du second en cartes. Les cartes étant mêlées, il les distribue alternativement une à une en commençant par son voisin de droite jusqu'à ce que chaque joueur en ait trois. La donne étant achevée, il retourne la dernière et place à sa droite le *talon* ou restant des cartes.

De la passe. Les cartes étant distribuées, le premier en cartes a le choix d'ouvrir le jeu ou de *passer* à moins qu'il ne soit *carré* (voyez plus loin *la carre*). Il peut l'ouvrir d'une somme quelconque, ou en proposant son *va-tout*, c'est-à-dire un pari proposé aux joueurs engagés, de tout l'argent qu'il a devant lui.

Le second, le troisième et le quatrième joueurs ont les mêmes droits.

Lorsque tous les joueurs ont passé, le coup est nécessairement nul.

Le second à jouer prend le deuxième jeu de cartes dont nous avons parlé, et, après avoir mis de même que le premier, un jeton devant lui, il les mêle et les distribue comme il a déjà été dit.

Pendant ce temps, le devoir du joueur en face est de ramasser les cartes du coup qui vient de finir et de placer ce jeu à sa gauche qui devient la droite de celui à qui appartiendra le tour de donner après le coup qui va être joué.

Du point et de la carte gagnante. Le point se compose de toutes les cartes d'une même couleur qui se trouvent au nombre de celles qui ont été données aux joueurs. Le point appartient à celui qui, s'étant engagé, possède la carte la plus forte dans cette couleur. Le point ne peut être au-dessous de 27 ni au-dessus de 48.

La carte gagnante est généralement l'as, supérieur aux autres cartes de sa couleur, et qui absorbe toutes celles qui se trouvent dans les jeux des joueurs, en sorte que souvent, avec un jeu fait, on perd contre un joueur qui n'a rien en main, mais qui trouve dans le jeu de ceux qui ont passé, les cartes nécessaires pour rendre son jeu supérieur à celui de son adversaire. La primauté du choix appartient au premier en cartes, s'il est engagé, sinon elle passe au tenant suivant. L'adversaire choisit ensuite.

En l'absence de l'as, la même prérogative appartient au roi, en l'absence du roi, la dame en jouit, puis le neuf, et enfin le huit, dans certains cas, peut devenir la carte gagnante.

Des brelans simples. Le brelan simple se compose de trois cartes semblables. On en compte cinq différents, savoir : le brelan d'as, de rois, de dames, de neufs et de huits.

Le brelan l'emporte sur le point. La valeur des brelans est dans le rapport de celle des cartes, c'est-à-dire, le brelan d'as, est plus fort que celui de rois, celui de rois l'emporte sur celui de dames, etc.

Des brelans carrés. Un brelan carré se compose de quatre cartes semblables. Trois cartes se trouvent nécessairement dans la main du joueur et la quatrième à la retourne. Le brelan carré l'emporte sur tous les autres brelans et même sur celui d'as, ne fut-il composé que de huits.

Beaucoup de joueurs attribuent à celui qui a un brelan de trois cartes, pendant que son adversaire a un brelan carré, le droit de découvrir la dernière carte du talon. Si cette carte peut, avec son brelan simple, former un brelan carré, il a le droit de la prendre, et ce second brelan annulera celui de l'adversaire pourvu que celui-ci soit inférieur en valeur de cartes.

Toutes les fois qu'il se trouve un brelan dans la main d'un joueur, les autres sont obligés de lui donner chacun deux jetons pour un brelan carré, et un jeton pour un brelan simple.

S'il se trouve simultanément plusieurs brelans au jeu, les joueurs paient également un jeton au possesseur d'un brelan inférieur au premier, quoique, en raison de cette infériorité, il ait perdu le coup.

De la carre. Le premier en cartes jouit du droit de se *carrer*, ce qui se fait en mettant au jeu autant de jetons qu'il y en a au jeu plus un et en disant : *je me carre.*

La carre procure plusieurs avantages à un joueur : 1° au moyen de la carre, le jeu se trouve ouvert sans qu'on ait vu les cartes du joueur et il n'est plus obligé de parler le premier ; 2° lorsque les autres joueurs passent, il reste maître de l'enjeu. Si au contraire ils s'engagent, ils sont obligés de *relancer*, (voyez ci-dessous la *contre-carre*). De plus, s'il n'est pas content de son jeu, il peut se retirer du coup en abandonnant les jetons de sa carre.

De la contre-carre et de la *sur-contre-carre*. Le second joueur peut annuler dans les mains du premier en cartes, les avantages de la carre, sauf cependant celui de la *primauté absolue*, en mettant sur le tapis un nombre de jetons égal au montant de l'enjeu, c'est-à-dire, des jetons provenant de la passe et de la carre et en disant : *je rachète la carre*. La *sur-contre-carre* se fait en mettant sur le tapis autant de jetons qu'en a produit la *passe*, la *carre* et la *contre-carre*, en disant : *je rachète la contre-carre*.

Au carré, appartient seul le droit de racheter la contre-carre, de même que le contre-carré peut seul racheter la sur-contre-carre.

Le fait de la carre, contre-carre et sur-contre-carre, sert d'ouverture au jeu et celui qui a la parole et ne passe pas, doit dire en jouant : *Je vois la carre*, le second dira, toujours dans l'hypothèse qu'il ne passe pas : *Je tiens la carre*.

De la relance. C'est offrir de jouer telle quantité de jetons de plus que celui qui a ouvert le jeu. Le joueur qui relance doit avoir soin de spécifier si la somme qu'il propose est en sus des passes. Dans le cas contraire, elle n'est que la somme nette annoncée.

Lorsque le deuxième joueur qui doit parler le premier a dit qu'il *voit la carre*, il est obligé d'ajouter quelque chose aux huit jetons de la carre, afin que le carré puisse user de son droit de relance.

Il faut ici remarquer qu'un joueur qui a relancé ne peut réitérer qu'il n'ait été lui-même relancé, c'est-à-dire que s'il a fait dix francs, il faut qu'un joueur venant après lui fasse par exemple, quinze francs.

Voici l'exemple d'une succession de relance entre quatre joueurs ayant tous beau jeu et voulant user jusqu'au bout du droit de relance.

Le premier ouvre le jeu, au premier *tour de parole*.

Le second relance au deuxième tour.

Le troisième relance au troisième tour.

Le quatrième relance au quatrième tour.

Le premier joueur relance pour la première fois au cinquième tour.

Le second relance pour la deuxième fois au sixième tour.

Le troisième, relance pour la deuxième fois au septième tour.

Le quatrième, relance pour la deuxième fois au huitième tour.

Exemple d'un coup de Bouillotte.

Les cartes étant distribuées et l'enjeu formé, le joueur placé à la droite du donneur a la parole. Après avoir examiné ses cartes il déclare s'il passe, s'il ouvre simplement le jeu ou, enfin, s'il l'ouvre en augmentant l'enjeu de telle ou telle somme.

Si le jeu n'est pas ouvert par le premier en cartes, le second a le droit de l'ouvrir et de dire qu'il passe.

Le troisième et le quatrième jouissent des mêmes droits.

Si le jeu a été ouvert par le premier en cartes, et qu'un seul joueur ait tenu, celui-ci peut abattre son jeu, relancer ou faire son *va-tout*.

Abattant son jeu, les autres joueurs l'imitent et, s'il réunit plus de points que son adversaire, il ramasse les jetons des passes et se fait payer autant de jetons qu'il en a ramassés sur le tapis. De plus, s'il a un brelan dans son jeu, il se fait payer un jeton par chaque joueur ; à point égal il perdra, car la *primauté*, assure, dans ce cas le point au premier.

Lorsqu'il relance, le premier a le droit de renoncer, ce qu'il annonce en disant : *je passe*, ou tenir, en acceptant la relance et disant : *je tiens*, ou relancer lui-même. S'il renonce personne n'abat son jeu, mais il mêle le sien au talon, et son adversaire gagne le coup et recueille les jetons dont il est question dans le paragraphe précédent.

S'il relance il abat son jeu et celui qui a le point le plus fort gagne.

Les relancements successifs se terminent ordinairement par un *va-tout*. Dans ce cas, le joueur qui le propose avance tout l'argent qu'il a devant lui. Le joueur qui tient peut dire *qu'il tient sans plus*, c'est-à-dire, sans vouloir jouer plus qu'il n'y a au jeu.

Lorsqu'un joueur est décavé, il ne peut rentrer au jeu qu'autant qu'il remplacera à son tour un autre joueur.

Une règle fort importante à suivre dans la

Bouillotte est *qu'un joueur ne peut ni gagner ni perdre plus d'argent qu'il n'en a devant lui.*

Au reste, la Bouillotte est un jeu où l'on peut perdre beaucoup d'argent lorsqu'on s'obstine à relancer, c'est-à-dire, à renchérir sur les enjeux. Il est nécessaire de bien le connaître pour le jouer sans danger, et pour y parvenir, il faut l'étudier quelque temps en le voyant jouer, cela est d'autant plus nécessaire que ses règles subissent beaucoup de variations suivant les provinces où on le joue, et même quelquefois dans une même localité.

LE REVERSIS.

Ce jeu, venu d'Espagne, était autrefois fort en vogue, cependant on le joue encore dans beaucoup de salons. Son nom de *Reversis* indique qu'il se joue à l'inverse de tous les autres jeux ; car le joueur qui fait le moins de levées gagne les cartes.

Le Reversis se joue entre quatre personnes. On se sert d'un jeu entier dont on a ôté les dix : ainsi il ne reste que quarante-huit cartes.

On emploie pour faire les comptes du jeu, une monnaie composée de contrats, de fiches et de jetons qui ont une valeur convenue.

On forme avec ces contrats, fiches et jetons, quatre parts égales en nombre et en valeur, mais d'une couleur différente, afin que chaque joueur puisse reconnaître ce qu'il a mis au jeu, et que celui qui vient de gagner sache auquel des joueurs il doit répéter le prix des pièces dont la fortune l'a favorisé.

La valeur du contrat est de dix fiches, et celle de la fiche de dix jetons.

On appelle *prise*, les contrats, les fiches et les jetons qu'on distribue à chaque joueur en commençant la partie.

La prise contient ordinairement dix contrats, vingt fiches et dix jetons. Chaque prise a son panier ou sa boîte particulière.

Les places que doivent occuper les joueurs autour de la table se tirent au sort : l'un d'entre eux a pour cet effet, dans sa main, quatre cartes couvertes qu'il présente aux autres joueurs, afin que chacun en choisisse une. Ces quatres cartes sont un as, un roi, une dame et un valet. Le joueur auquel le hasard a distribué l'as, se met à la place qu'il juge à propos de choisir : celui qui a le roi se met à la droite de l'as ; celui qui a la dame à la droite du roi ; celui qui a le valet, à la droite de la dame.

Voici l'ordre dans lequel on a classé la valeur des cartes. L'as est supérieur au roi ; le roi à la dame ; la dame au valet ; le valet au neuf ; le neuf au huit ; le huit au sept, et ainsi de suite jusqu'au deux, la plus basse des cartes.

La partie dure dix tours, c'est-à-dire que chaque joueur doit donner dix fois. Celui qui, en tirant les places, a eu l'as, doit donner le premier et les autres donnent successivement après lui.

Le joueur premier en cartes, est responsable du panier contenant les enjeux qu'il est tenu de recueillir. En conséquence, il débute par faire mettre quatre jetons par le joueur qui donne, et chacun des autres joueurs en met deux. Ainsi le premier panier doit-être de dix jetons, et il se place à la droite du donneur de cartes.

Le panier étant fait, le donneur bat le jeu,

fait couper par le joueur de gauche, et distribue ensuite en trois fois, onze cartes à chaque joueur, deux fois quatre et une fois trois : quant à lui, il s'en distribue trois fois quatre, et les trois cartes qui restent forment ce qu'on appelle le *talon*.

Ces trois cartes se mettent au milieu de la table, et à l'exception du joueur qui a donné, chacun des autres peut prendre pour lui une des cartes après en avoir auparavant écarté une de son jeu. La première est destinée au joueur le plus près de la droite du donneur; la seconde au joueur qui suit et la troisième est pour le joueur placé à la gauche du donneur. A l'égard de celui-ci, qui a pris douze cartes, il n'y en a pas pour lui au talon, et cependant, il faut qu'il en écarte une, afin qu'en jouant, il n'en ait que onze comme les autres.

Celui qui est satisfait du jeu que le hasard lui a donné, n'est point obligé d'écarter. Dans le cas où il se dispense d'écarter, il peut regarder la carte qui lui était destinée, mais il ne peut plus la prendre après l'avoir vue.

Les écarts finis, on met les cartes écartées sous le panier et le jeu commence. Le joueur placé à la droite du donneur, débute par la couleur qui lui plaît : les autres joueurs sont obligés, chacun à son tour, de fournir de la couleur jouée, s'ils en ont; mais ils sont dispensés de forcer. La levée appartient à celui qui a fourni la plus haute carte de la couleur par laquelle on a commencé. Ce dernier joue ensuite la carte qu'il juge à propos et l'on continue de même jusqu'à ce que les onze levées soient faites.

Il faut observer qu'on ne doit pas confondre ensemble plusieurs levées, attendu que, quand une levée n'est pas couverte et retournée, chaque joueur est fondé à voir la levée qui a précédé; mais c'est la seule qu'on ait le droit de regarder.

Quand toutes les cartes sont jouées, le joueur qui, dans ses levées, a réuni la plus grande quantité de points, paie à celui qui n'en a point, ou qui en a le moins, quatre jetons pour ce qu'on appelle la *partie*.

Il n'y a que les as, les rois, les dames et les valets qui produisent des points dans les levées. Ainsi un as se compte pour quatre points, un roi pour trois; une dame pour deux et un valet pour un seul point.

S'il arrive qu'il y ait entre deux joueurs égalité de points, celui qui a le plus de levées doit payer la partie. Si les levées sont égales entre eux, la partie doit être payée par celui qui est le plus éloigné de la droite du donneur.

Quant au gain de la partie, lorsqu'il y a égalité de points, il appartient au joueur qui a le moins de levées : s'il y a égalité de points et de levées, c'est le dernier en cartes qui gagne. Ainsi, le joueur qui a donné l'emporte sur tous les autres, et successivement celui qui est placé le plus près de sa droite.

Il y a quatre points dans ce jeu, qui exigent une attention soutenue, ce sont les *As*, le *Quinola*, le *Reversis*, et l'*Espagnolette*.

Des As.

Lorsqu'un joueur réunit dans son jeu les quatre as, il a le droit de renoncer toutes les fois qu'il le juge à propos, quoiqu'il ait de la couleur jouée ; mais s'il arrivait qu'un autre joueur fît le *Reversis*, c'est-à-dire toutes les levées, celui qui aurait eu les quatre as et qui ne l'aurait point empêché, serait tenu de payer seul, tant pour lui que pour les autres.

Lorsqu'on n'a pas de la couleur jouée, et qu'on jette sur cette couleur un as d'une autre couleur, le joueur qui fait la levée est obligé de payer un jeton pour cet as, si c'est celui de cœur, de trèfle ou de pique ; et deux jetons si c'est l'as de carreau.

Ces paiements doivent être doublés quand l'as est placé *duc* ou à la *bonne*, c'est-à-dire sur la dernière levée.

Quand un joueur est forcé de prendre avec un as, il doit payer à celui qui l'a forcé de mettre cet as deux jetons, si c'est un autre as que celui de carreau, et quatre jetons si c'est ce dernier as.

Si ce qu'on vient de dire a lieu sur la dernière levée, les paiements dont il s'agit doivent être doublés.

Lorsqu'un joueur est forcé de jouer lui-même ses as, ce qui s'appelle les *gorger*, ou qu'il les joue volontairement, c'est à celui qui gagne la partie à les demander : alors celui qui les a joués doit les payer à raison de deux jetons pour l'as de carreau, et d'un jeton pour tout autre as.

Ces paiements doivent être doubles lorsqu'ils ont été joués *ducs* ou à la *bonne*.

Du Quinola.

On donne ce nom au valet de cœur. Quand il peut être placé sur une autre couleur que le cœur, il fait gagner, à celui qui l'a joué en renonce, toutes les fiches qu'il y a dans le panier. Il faut, en outre, que le joueur qui fait la levée où est tombé le quinola lui paie quatre jetons.

Mais si le joueur qui a dans son jeu le quinola est forcé de le jouer sur du cœur, il fait la *bête*, c'est-à-dire qu'il doit mettre dans le panier autant de fiches ou de jetons qu'il en aurait gagné s'il eût placé son quinola en renonce : il faut d'ailleurs qu'il paie huit jetons à celui de ses adversaires qui a joué le cœur, sur lequel il a été obligé de jeter son quinola. Les deux autres joueurs doivent de leur côté chacun quatre jetons à celui qui a forcé le quinola ; et c'est ce qu'on appelle payer la *consolation*.

Il suit de là qu'un joueur qui a le quinola dans son jeu doit examiner si la quantité de ses cœurs est suffisante pour qu'il lui convienne de le conserver. On l'écarte ordinairement quand il n'est pas quatrième, c'est-à-dire accompagné de trois cœurs. La raison en est que, comme il n'y a que douze cartes d'une même couleur, on peut, si elles sont partagées, fournir un cœur sur chacune des trois premières levées de cette couleur, et il restera encore le quinola.

Quand le quinola est placé *duc* ou à la *bonne*, c'est-à-dire sur la dernière levée, celui qui l'a reçue doit payer huit jetons au joueur qui l'a placé.

Mais si le quinola vient à être forcé *duc*, le joueur qui l'a forcé est en droit d'exiger seize jetons de celui qui fait la *bête* et huit jetons de chacun des autres joueurs.

Lorsque le joueur qui a le quinola se trouve dans l'obligation de le jouer après que la levée précédente lui est restée, il fait une bête, à moins qu'il ne l'évite en faisant le *reversis*.

Ainsi on peut faire la bête de trois manières : la première a lieu quand un joueur est forcé de jouer son quinola sur du cœur; la seconde quand on renonce à la couleur jouée, quoiqu'on en ait dans sa main ; et la troisième lorsqu'on *gorge* le quinola, c'est-à-dire lorsque, après avoir fait une levée précédente, on est obligé de jouer le quinola, sans que pour cela on parvienne à faire le Reversis.

Quand un joueur a fait la bête en jouant le quinola, il doit payer quatre jetons à celui qui gagne la partie ; mais il faut que celui-ci les demande avant qu'on ait coupé pour le coup suivant.

Il importe au joueur qui place le quinola en renonce de ne point oublier de prendre promptement ce que contient le panier : cela lui est acquis, mais il perdrait son droit s'il négligeait d'en user avant qu'on eût coupé pour le coup suivant.

Lorsqu'un joueur qui possède le quinola a dessein de faire le Reversis, il faut l'entreprendre avant les deux dernières levées, autrement il serait privé du droit de recueillir ce que contiendrait le panier.

Il se fait souvent plusieurs bêtes successivement avant que personne arrive à prendre le panier : dans ce cas, on ne les met pas toutes ensemble au panier ; on les joue l'une après l'autre, en commençant par la plus considérable.

Quand il n'y a plus de bête, on refait le panier, c'est-à-dire que celui qui donne y met huit jetons, et les autres joueurs chacun quatre.

Du Reversis.

Un joueur a fait le Reversis quand il n'a laissé faire aucune levée à ses adversaires. Aussitôt que les neuf premières levées sont faites, *le Reversis est entrepris*, et celui des joueurs qui aurait placé le quinola n'aurait plus de droit au panier; mais si l'on ne fait pas les deux autres levées, le Reversis est dit *rompu à la bonne,* ou simplement *rompu.*

La *bonne* se rapporte aux différents petits paiements qui se font dans le jeu. Il y a trois différentes *bonnes* : 1° la *première bonne*, c'est la première levée; 2° la *dernière bonne,* c'est la dernière levée; 3° la *bonne* pour le coup du reversis et pour l'*espagnolette*, ce sont les deux dernières levées.

De l'Espagnolette.

Trois as et le quinola, quatre as et le quinola, ou simplement quatre as réunis dans la même main, font ce qu'on appelle l'*espagnolette*. Ce coup, d'invention assez moderne, est fort compliqué, difficile à jouer, et demande beaucoup d'attention. C'est une adjonction moderne qui complique ce jeu en contrariant quelques-unes de ses règles fondamentales, et cela sans ajouter beaucoup à l'intérêt qu'il présente.

L'espagnolette (1) a droit de renoncer à toutes couleurs ; il place de cette façon son quinola, quoique souvent seul dans sa main, et tire conséquemment la remise ; il donne comme il lui plaît les as : à droite, à gauche ou en face.

Il gagne presque toujours la partie, de quelque manière qu'il soit placé. On dirait que l'on ne joue que pour lui ; et, en effet, tous les avantages du jeu sont pour l'espagnolette.

Mais, n'ayant le droit de renoncer que pendant les neuf premières levées, il doit fournir de la couleur, s'il en a, aux deux dernières levées ; si, par mégarde, il a gardé

---

(1) Nous appliquons le nom de ce coup à la personne qui le joue, afin de simplifier nos explications.

une grosse carte, et qu'on le fasse rentrer, il perd la partie, quand bien même il ne ferait qu'une levée blanche : s'il a placé son quinola dans les neuf premières cartes, il fait la *remise*, c'est-à-dire il rétablit le panier tel qu'il était. Il est également tenu de payer les as doubles à ceux qui les lui auraient déjà payés.

L'espagnolette est libre de ne point se servir de son privilége, et de jouer son jeu comme un jeu ordinaire ; mais il ne le peut dès qu'il a une fois renoncé en vertu de son droit.

L'espagnolette n'est pas censé avoir perdu son droit pour avoir fourni de la couleur qu'on demande, et même pour avoir pris, il faudrait pour cela que la levée lui restât.

L'espagnolette, s'il force le quinola, en tire la *consolation* à quelque époque du jeu que cela arrive. On comprend qu'il n'y a que trois époques où cela puisse lui arriver : 1° si, se trouvant premier à jouer, il joue cœur, et que le quinola soit seul dans quelque main ; 2° si, ayant, par mégarde, fait une levée dans le courant du jeu, il joue en cœur et force ; 3° si, étant entré malgré lui

9

à la dixième carte, il lui restait un cœur à jouer, et qu'il forçât, par ce hasard, à la dernière carte.

Si quelqu'un fait le Reversis, l'espagnolette paie seul pour toute la compagnie.

Si quelque joueur entreprend le Reversis, et qu'un autre le rompe *à la bonne*, l'espagnolette paie tout le Reversis à celui qui le rompt, c'est-à-dire soixante-quatre fiches.

L'espagnolette peut rompre un Reversis à la bonne, et il en est payé comme il est dit ci-dessus ; il peut aussi faire le Reversis, et dès lors son jeu n'est qu'un jeu ordinaire.

Si l'espagnolette avait placé son quinola, et qu'il y ait Reversis fait ou manqué, il ne tirera point la remise, selon la règle générale qu'*en Reversis il n'y a point de remise*, excepté pour celui qui l'a entrepris. Si, par as, roi ou dame de cœur, l'on forçait le quinola à l'espagnolette, à quelque époque du jeu que cela arrivât, ce dernier ferait la remise et paierait, ainsi que les deux autres joueurs, ce qui est dû à celui qui force, excepté toujours s'il y a Reversis fait ou rompu. Les deux dernières levées ne changent rien à la règle générale, qu'en faveur de celui qui fait les onze levées.

Si l'espagnolette n'entre pas dailleurs, il jouira de tous ses autres droits indiqués ci-dessus.

Règles du jeu.

1° On doit donner en trois fois les onze cartes à chaque joueur, savoir, une fois trois cartes et deux fois quatre cartes ; toute autre manière n'est pas reçue.

2° Celui qui se trompe en donnant perd la main ; il est néanmoins admis à refaire, en mettant un jeton au panier.

3° Lorsqu'on s'aperçoit qu'il y a mal-donne, l'écart étant fait, le joueur fautif paiera quatre jetons d'amende ; le coup sera nul, et il perdra sa donne, sans pouvoir la racheter.

4° Quiconque regarde la carte du talon qui lui revient avant d'écarter ne peut gagner la partie ni placer son quinola, si par hasard il l'avait, ni faire le Reversis ; et s'il rompait un Reversis, on ne lui paierait rien. Il peut forcer le quinola, mais on ne lui paierait pas la *consolation ;* le joueur à qui l'on aurait de cette manière forcé le quinola ferait cependant la remise.

5° Il en est de même de celui qui prendrait sa carte du talon, et n'écarterait point : il n'aurait droit à rien.

6° Quiconque joue sa carte avant son tour paie un jeton au panier.

7° Si quelqu'un avait écarté deux cartes au lieu d'une, et ne portait que dix cartes, il n'aurait droit à aucun paiement quelconque; mais s'il rompait un Reversis, il en serait payé. Il en serait de même s'il forçait un quinola.

8° On peut examiner et vérifier ses propres levées, mais aucunement celles des autres.

9° La levée appartient à celui qui la ramasse; cependant, s'il y avait quelque erreur, tout autre joueur peut avertir et régler le coup avant que l'on ait joué de nouveau.

10° Toutes les cartes qui se trouvent sous le panier comptent pour la partie, qu'il s'en trouve une de trop ou de moins.

11° La renon sans avoir l'espagnolette, est punie par une amende de deux jetons.

LA TRIOMPHE.

Ce jeu, qui a beaucoup de rapport avec l'Écarté, se joue en cinq points, avec un jeu de trente-deux cartes.

L'ordre de valeur des cartes est le suivant : le roi, la dame, le valet, l'as, le dix, le neuf, le huit et le sept.

On tire la main au sort comme à l'Écarté ou au Piquet. La main appartient à celui à qui est échue la plus haute carte, et qui, par conséquent, est premier en cartes.

Après avoir mêlé et fait couper par son adversaire, le premier en cartes distribue alternativement à cet adversaire et à lui-même cinq cartes par trois et par deux, ou par deux et par trois. Ensuite, il tourne la première carte du talon, et la laisse en évidence. Cette carte indique la *Triomphe* atout.

Le donneur commence par jouer une carte quelconque ; son adversaire doit fournir la couleur jouée, s'il en a, et même *forcer,* s'il le peut. (On sait que *forcer* signifie prendre avec une carte supérieure.)

A défaut de la couleur jouée, il devra prendre avec un atout. S'il n'a ni l'un ni l'autre, il répondra à son adversaire avec la carte la plus insignifiante de son jeu.

Avant de jeter la première carte, chacun des deux joueurs peut proposer de refaire, en offrant un point à son adversaire. Si la proposition est adoptée par celui-ci, la main ne change pas ; mais si elle est refusée, l'adversaire contracte l'obligation de faire la *vole*, c'est-à-dire les cinq levées ; s'il ne les fait pas, il perd deux points.

On comprend que celui qui offre le point a un mauvais jeu qu'il espère changer contre un meilleur, et que celui qui l'accepte craint de ne pas faire la vole et de perdre ainsi deux points.

Le joueur qui a fait la levée joue le premier pour la levée suivante. Celui qui a fait le plus de levées gagne un point ; mais s'il les fait toutes (c'est-à-dire la *vole*), il marque deux points.

Quand, de part et d'autre, il y a quatre points, l'un des joueurs peut proposer de donner un point et de remettre la partie en sept points ; mais cette proposition doit se faire avant d'avoir retourné l'atout. Celui qui refuse le point qu'on lui offre doit faire la vole, sous peine de perdre deux points.

Il est interdit de renoncer ou sous-forcer à ce jeu. Si l'adversaire ne s'en aperçoit pas, la galerie a le droit de le dire, pourvu que les cartes du coup qui vient d'être joué soient encore sur le tapis. Dans ce cas, chacun reprend ses cartes, et celui qui a fait la faute est obligé de jouer à découvert, c'est-à-dire d'étaler ses cartes sur le tapis. Si c'est le premier en cartes qui a renoncé ou sous-forcé, il est forcé de jouer sa première carte au choix du premier.

Quant au règlement du jeu, il est le même que celui du Piquet et de l'Écarté pour le mélange des cartes, la coupe, la mal-donne, les cartes retournées dans le jeu et la retourne de l'atout ou triomphe.

LE RAMS.

Ce jeu, assez récemment introduit à Paris, se joue avec un jeu de trente-deux cartes, à trois, quatre, cinq, six personnes.

Il a quelques rapports avec l'Écarté, la valeur des cartes est la même. Bien qu'on joue le Rams à plusieurs, il n'y a jamais qu'un gagnant et qu'un perdant.

Après être convenu de l'enjeu et avoir distribué à chaque joueur un nombre égal de jetons, ordinairement cinq, on tire la main, pour savoir qui fera les cartes. Faire est un avantage à ce jeu. Celui à qui est échue la plus forte carte sera le donneur : il distribue à chacun cinq cartes, par trois et par deux, ou à son choix par deux et par trois. Il s'en donne le même nombre, puis il retourne la première carte du talon laquelle indique la couleur de l'atout.

Le premier joueur, à droite du donneur, prend ensuite la parole et annonce qu'il passe ou qu'il tient.

Lorsque tous les joueurs ont parlé à leur tour, le donneur écarte de son jeu une carte qu'il ne montre à personne et la remplace par la retourne.

Si les joueurs, mécontents de leur jeu, disent tous : *je passe,* le coup est gagné par le donneur, qui remet ses jetons dans le panier. Mais si l'un des joueurs a tenu, le premier en carte jouit du droit exclusif de revenir, de jouer contre le tenant, et le gagnant fera le *Rams.*

Lorsque plusieurs joueurs tiennent, le premier joue une carte sur laquelle il faut fournir, si on a de la couleur demandée, sinon on coupera avec de l'atout, si on en a. Les joueurs qui suivent doivent également jouer dans la couleur ou surcouper. Enfin, il faut prendre quand on le peut et donner de l'atout lorsque la couleur demandée manque.

Chaque levée que fait un joueur le débarrasse d'un jeton. Celui qui a tenu et qui n'a fait aucune levée garde non-seulement tous ses jetons, mais il est encore obligé d'en recevoir cinq de plus.

A mesure que les joueurs sont débarrassés de leurs jetons, ils se retirent et la partie continue entre les derniers. Le perdant est celui à qui il reste des jetons lorsque les autres n'en ont plus.

Dans quelques sociétés, on complique ce jeu par l'adjonction d'un *mort*. On donne ce nom à cinq cartes que le donneur dépose retournées sur le tapis, après avoir servi tout le monde. Le premier en cartes a le droit de les prendre, mais sans les avoir regardées, en échange des siennes. A son défaut, ce droit passe au joueur suivant, et ainsi de suite.

LE BRISCAN, BRISQUE ou MARIAGE.

Le Briscan se joue entre deux personnes, avec un jeu de trente-deux cartes.

Après être convenu de ce qu'on veut jouer, qu'on a tiré la main et qu'on a coupé, le joueur chargé de distribuer les cartes en donne cinq en deux fois à son adversaire, et il en prend autant pour lui : il retourne ensuite la onzième carte, qu'il met sous le talon. Cette carte désigne la couleur de l'atout ; le joueur à la droite de celui qui a donné les cartes, commence par jouer ; c'est ensuite à celui qui fait la levée que le droit de jouer le premier est dévolu. Il faut observer qu'à chaque levée, les deux joueurs remplacent chacun la carte qu'ils ont jouée par une autre carte qu'ils prennent au talon; celui qui a fait la levée prend la carte le premier.

Les cartes sont supérieures l'une à l'autre dans l'ordre suivant : l'as est supérieur au dix, le dix au roi, le roi à la dame, la dame au valet, le valet au neuf, le neuf au huit, et le huit au sept.

Pour gagner la partie, il faut avoir fait six cents points avant son adversaire. Les chances qui peuvent servir à réunir ces points, sont les quintes, les quatrièmes et les tierces, tant d'atout que des autres couleurs; les quatre as, les quatre dix, les quatre rois, les quatre dames et les quatre valets, les mariages, la réunion de cinq figures, ou de cinq cartes blanches, ou de cinq atouts dans la main d'un joueur; un as, un dix, ou une figure de retourne; l'as d'atout, la prise de la dernière carte du talon; les cinq dernières levées, la valeur de chacune des cinq plus hautes cartes, et la vole.

Les trois dernières cartes, qui sont le neuf, le huit et le sept, ne donnent par elles-mêmes et isolément aucun point : on les appelle *basses cartes*.

On distingue quatre sortes de quintes, savoir : la quinte majeure, composée de l'as, du roi, de la dame, du valet et du dix d'une même couleur; la quinte au roi, composée du roi, de la dame, du valet, du dix et du neuf; la quinte à la dame, composée de la dame, du valet, du dix, du neuf et du huit; et la quinte au valet, composée du valet, du dix et des trois basses cartes.

La quinte majeure vaut communément trois cents points; la quinte au roi, cent cinquante points; la quinte à la dame, cent points; et la quinte au valet, cinquante. Lorsque ces séquences sont dans la couleur d'atout, celui qui les a compte deux fois ce qu'elles valent en couleur ordinaire. Ainsi, la quinte majeure vaut en atout six cents points; la quinte au roi, trois cents, etc.

Il y a cinq quatrièmes, savoir : la quatrième majeure, composée de l'as, du roi, de la dame, du valet d'une même couleur; la quatrième au roi, composée du roi, de la dame, du valet et du dix ; la quatrième à la dame, composée de la dame, du valet, du dix et du neuf ; la quatrième au valet, composée du valet, du dix, du neuf et du huit ; et enfin, la quatrième au dix, composée du dix et des trois basses cartes.

La quatrième majeure vaut, en couleur ordinaire, cent points ; la quatrième au roi, quatre-vingts points ; la quatrième à dame, soixante points ; la quatrième au valet, quarante points ; et la quatrième au dix, trente points. Quand ces quatrièmes sont dans la couleur d'atout, celui qui les a les compte double.

Il y a six tierces, savoir : la tierce majeure, composée de l'as, du roi et de la dame d'une même couleur ; la tierce au roi, composée des trois figures d'une même couleur ; la tierce à la dame, composée de la dame, du valet et du dix ; la tierce au valet, composée du valet, du dix et du neuf ; la tierce au dix, composée du dix, du neuf et du huit ; et la tierce au neuf, composée des trois basses cartes. La tierce majeure vaut, en couleur ordinaire, soixante points ; la tierce au roi, cinquante points ; la tierce à la dame, quarante points ; la tierce au valet, trente points, la tierce au dix, vingt points, et la tierce au neuf, dix points. Si ces tierces sont en atout, leur valeur est doublée.

Les quatre as réunis valent cent cinquante points ; les quatre dix, cent points ; les quatre rois, quatre-vingts points, les quatre dames, soixante points ; et les quatre valets, quarante points.

Le mariage d'une couleur ordinaire vaut vingt points. S'il est en atout, il vaut le double.

Les mariages de rencontre ont autant de valeur que ceux qui se trouvent tout faits dans votre jeu.

Lorsqu'on a dans son jeu cinq figures, on compte vingt points ; et si après avoir joué une de ces figures, le joueur en tire une autre du talon, il compte de nouveau vingt points : ceci se continue aussi longtemps qu'il rentre des figures, et qu'on s'en trouve cinq dans la main.

La même règle s'observe à l'égard des cartes blanches qui se trouvent dans un jeu au nombre de cinq ; mais avec cette différence que pour les figures on compte vingt points, et que, pour les cartes blanches, on n'en compte que dix.

Quand toutes les cartes du talon sont levées, et qu'un joueur a cinq atouts dans la main, il compte trente points.

Lorsque celui qui distribue les cartes retourne une figure, un as ou un dix, il compte dix points. L'as d'atout vaut trente points, à l'exception du cas où il a déjà été compté.

Lorsqu'on lève la dernière carte du talon, on compte dix points.

Le joueur qui fait les cinq dernières levées, compte vingt points.

Quand toutes les cartes sont jouées, le joueur qui a le plus de levées, compte dix points.

Ensuite chaque joueur compte la valeur de chacune des cartes qui se trouvent dans les levées qu'il a faites. Ainsi, il compte onze pour un as, dix pour un dix, quatre pour un roi, trois pour une dame et deux pour un valet.

S'il arrive qu'un des joueurs fasse la vole, il gagne la partie.

Quand un joueur a dans sa main **le sept**

d'atout, il peut l'échanger contre la carte qui retourne, quelle qu'elle soit, mais il faut que cet échange ait lieu avant de jouer pour la dernière levée des cartes du talon.

Tandis qu'il y a des cartes au talon, on a la liberté de renoncer, mais lorsqu'elles sont toutes levées, on est obligé de couper la carte de celui qui joue, si l'on n'a pas de la couleur jouée : si l'on a de cette couleur, il faut en fournir, et même une carte supérieure à celle qui est jouée, quand on le peut.

Le joueur qui a compté une tierce, une quatrième ou une quinte dans une couleur, ne peut plus compter une nouvelle tierce, ni une nouvelle quatrième, ni une nouvelle quinte formée avec quelqu'une des cartes qu'il a d'abord employées pour un même objet : supposons, par exemple, que vous ayiez compté une tierce au roi de cœur, et qu'ensuite vous ayiez levé au talon l'as de cœur, cet as formera bien une quatrième, mais vous ne pourrez pas la compter, parce que les cartes dont elle sera formée auront déjà servi à vous faire compter une tierce.

LE BESIGUE OU BESI.

Ce jeu, importé depuis un petit nombre d'années à Paris, d'où il s'est répandu dans le reste de la France, paraît originaire du département de la Haute-Vienne. Au reste, le nom de *Besi* que beaucoup de personnes écrivent *Besigue*, appartient au patois Limousin.

Plusieurs de ses combinaisons sont empruntées au mariage, mais il est plus compliqué ; il demande de la mémoire, une application soutenue et semble vouloir rivaliser avec le piquet.

On le joue le plus souvent à deux ou à trois personnes, avec deux jeux de 32 cartes, mais dans ce dernier cas on supprime un huit afin qu'il ne reste que 63 cartes, nombre divisible par trois.

La partie ordinaire se joue en quinze cents points, nombre que l'on peut d'ailleurs diminuer ou augmenter au gré des joueurs. On se sert de la marque employée au Piquet à laquelle on ajoute deux fiches valant cinq cents points chacune et quatre jetons de cent points, en sorte qu'il est facile de marquer les quinze cents points de la partie.

Valeur des Cartes. L'as est la plus forte carte du jeu, vient ensuite le dix, puis le roi, la dame, le valet, le neuf, le huit et le sept.

De la donne des Cartes. On tire au sort la fonction de *donneur.* C'est ordinairement celui qui tire la plus haute carte à qui elle échoit.

Le jeu étant battu et coupé, il sert à chacun huit cartes, en les distribuant deux par deux, ou deux fois par trois et une fois par deux.

En admettant que la partie se joue entre deux personnes, il y aura seize cartes de distribuées; le donneur retourne la dix-septième qui indique la couleur de l'atout. Si la carte retournée est un sept, le donneur marque dix points à son profit; mais si l'adversaire du donneur possède lui-même le sept d'atout dans son jeu il marquera dix points mais seulement après avoir fait une levée et il l'échange contre la retourne.

Chances diverses que l'on peut posséder dans son jeu.

1° La quinte majeure en atout, qu'on ne doit marquer qu'après avoir compté quarante

LE BESIGUE.

de mariage et même elle ne peut être complétée par le valet, le dix et l'as, qu'après avoir fait une seconde levée ; elle vaut 250 points.

2° La réunion des quatre as (1)   100 —
3° Les quatre rois   80 —
4° Les quatre dames   60 —
5° Les quatre valets   40 —

6° Le *Besigue*, c'est-à-dire la réunion de la dame de pique et du valet de carreau   40 —

Si les mêmes cartes du Besigue vous arrivent encore, ces quatre vaudront   500 —

Lorsqu'on joue avec trois ou quatre jeux, il peut vous arriver un troisième Besigue ; ils compteront ensemble quinze cents, et vous feront gagner la partie d'emblée, mais ce cas est excessivement rare.

7° Le roi et la dame de la même couleur, forment un mariage et comptent 20 points.

Nous avons dit plus haut que le mariage d'atout valait quarante.

Une même carte ne peut servir deux fois

(1) Les *quatorze panachés* sont formés de quatre as, quatre rois, quatre dames et de couleur différentes. On les admet dans quelques sociétés.

pour composer un groupe pareil à celui dont elle a déjà fait partie. Par exemple, une carte qui a servi à former une réunion de quatre as ou de quatre figures, ne peut faire partie d'une autre réunion formant un point pareil.

Toutefois une dame qui aura servi à faire un soixante de dames comptera encore vingt lorsqu'on lui adjoindra le roi de la même couleur ; si c'est une dame de pique et qu'on lui adjoigne le valet de carreau, on ajoutera quarante pour le Besigue. De même l'as d'atout, qui, avec ses trois confrères, aura formé un cent, pourra servir à faire la quinte majeure.

Notons bien ici que dans le Besigue il ne suffit pas de montrer à l'adversaire les groupes qui vous ont fait marquer des points, tels que quatre as, quatre rois, un mariage, un Besigue, etc, ils doivent rester étalés sur la table. Toutes les cartes marquantes que l'on utilise dans les diverses chances indiquées plus haut sont soumise à cette règle.

Manière de jouer. Chacun étant muni de ses huit cartes, l'adversaire du donneur ou le joueur placé à sa droite, si on joue à trois, commence le jeu. A chaque levée que fait l'un ou l'autre des joueurs, ils prennent une carte au talon, celui qui a fait la levée la tire en premier.

Chaque joueur a le droit de renoncer à la couleur qu'on lui demande; il n'est pas obligé de forcer et de couper avec un atout, même quand il aurait la couleur demandée. Mais il perd cet avantage dès qu'il ne reste plus de cartes au talon; il est alors obligé de fournir la couleur, de forcer en couvrant la carte de l'adversaire d'une carte plus forte, et enfin, s'il n'a ni l'une ni l'autre, il devra couper avec un atout.

Ainsi que nous l'avons dit, on ne doit compter les points, tels que mariage, Besigue, quatre as, quatre rois, etc., que lorsqu'on aura fait une levée et n'ayant par conséquent que sept cartes en main, car la carte que l'on reprend au talon ne doit arriver qu'après avoir compté.

La dernière levée vaut dix à celui qui la fait.

Toutes les levées étant faites, les joueurs retournent leurs cartes et font le compte de leurs gains. Les dix et les as comptent pour dix comme brisques et on les marque.

Fin de partie. Lorsqu'on approche ensemble du nombre de points fixé pour le gain de la partie, il faut empêcher l'adversaire de compter, en coupant ses cartes, car les brisques n'ont qu'une valeur secondaire, et bien qu'on en ait suffisamment dans son jeu, l'adversaire pourrait gagner en main.

Il peut arriver que deux joueurs, finissant ensemble, dépassent le point convenu en comptant leurs brisques (c'est-à-dire leurs as et leurs dix, cartes privilégiées comme nous l'avons dit) : c'est celui qui en a le plus qui gagne la partie. Si, par cas fortuit le nombre de brisques est égal, en dépassant le nombre fixé pour la partie, ce sera celui des joueurs qui aura fait la dernière levée qui deviendra le gagnant.

Règles générales pour bien jouer le Besigue.

1° La donne étant faite, rangez ensemble les cartes de même couleur, en les plaçant par ordre de valeur.

2° Jetez d'abord vos basses cartes, mais gardez celles qui peuvent former des combinaisons avantageuses, et surtout celles qui pourront vous donner les points les plus élevés.

3° Les meilleures cartes à garder sont les as, les rois et les dames. Cependant si, ayant en main trois as et autant de rois, défaites-vous d'un as, si vous y êtes forcé, plutôt que d'un roi qui peut servir à former un mariage.

4° Conservez surtout les cartes qui peuvent servir à faire des Besigues.

5° Ne prodiguez pas vos atouts, mais servez-vous-en pour prendre des brisques. Conservez dans votre jeu des atouts majeurs, lorsque vous arriverez à l'avant-dernière carte du talon, afin d'empêcher votre adversaire de faire une levée et d'annoncer ses points. Vous profiterez d'ailleurs des dix de la dernière levée.

Règlement du jeu.

1° Lorsqu'un joueur joue avec moins de huit cartes, il n'est passible d'aucune amende et a le droit d'en prendre deux au lieu d'une au tour suivant.

2° Celui qui joue avec plus de huit cartes perdra soixante points et même cent cinquante, s'il est démontré que cette irrégularité a été maintenue jusqu'à la fin du jeu.

3° Tout point que l'on a omis d'annoncer après avoir repris sa huitième carte au talon est considéré comme nul.

4° Lorsqu'une carte du talon se trouve retournée ou a été vue, on la remet dans le jeu, de façon que les joueurs n'en puissent remarquer la place.

5° On ne peut déclarer qu'une seule chance par levée : si on a plusieurs groupes à montrer, on peut choisir celui que l'on veut.

6° Après avoir levé la dernière carte du talon, on n'a plus le droit de rien compter, et quelquefois avec un point magnifique en main, on perd la partie.

7° Il est défendu de chercher à connaître le nombre de levées qui restent à faire en scrutant, de manière ou d'autre, le talon.

Le Bési en cinq cents et à un seul jeu.

Cette variété du Bési est peu en usage aujourd'hui. La partie se joue en cinq cents points. On y compte la quinte majeure d'un seul jet et non en deux fois; de plus, on donne les valeurs suivantes aux cartes marquantes :

L'as vaut onze points, mais ne compte que pour dix comme brisque ; le dix pour dix ;

le roi pour quatre ; la dame pour trois et le valet pour deux.

Les autres règles du Bési en quinze cents points s'appliquent à celui-ci.

LA MOUCHE.

Ce jeu de cartes a quelques rapports avec la Triomphe par la manière de jouer les cartes.

Le nombre des joueurs peut s'étendre de trois jusqu'à six. Lorsqu'on n'est que trois, on se sert d'un jeu de Piquet ; et quand on est en plus grand nombre on emploie un jeu entier.

On se sert aussi de jetons qui ont une valeur convenue.

On fait d'abord indiquer par le sort la place que chaque joueur doit occuper, et celui qui doit distribuer les cartes ; ensuite ce dernier met au jeu autant de jetons qu'il y a de joueurs, mêle les cartes, présente à couper, et donne ensuite, en commençant par sa droite, cinq cartes à chaque joueur.

Ces cinq cartes se distribuent en deux

tours : on donne en premier lieu à chaque joueur deux, et ensuite trois ; ou trois, ensuite deux.

Lorsque chaque joueur a ses cinq cartes, celui qui les a distribuées retourne la première de celles dont le talon est composé ; et cette carte retournée, forme l'atout ou la triomphe : elle doit rester retournée pendant tout le coup.

Le premier en cartes, c'est-à-dire, le joueur placé à droite de celui qui a donné doit, après avoir vu son jeu, dire s'il s'y tient, ou écarter tel nombre de ses cartes qu'il juge à propos, même toutes les cinq, et en prendre au talon autant qu'il en a écartées, le même procédé doit successivement avoir lieu de la part de tous les joueurs.

Il y a deux cas où un joueur ne va pas au talon : le premier a lieu quand son jeu est formé d'assez belles cartes pour qu'il puisse gagner en jouant sans prendre, il dit alors *qu'il s'y tient*. Le second cas se présente, quand un joueur a si mauvais jeu qu'il ne veut pas risquer de jouer dans la crainte d'être mouche, (voyez à la fin l'explication de ce mot.) Celui-ci doit mettre son jeu avec tous les autres écarts, ou bien en-dessous du talon s'il n'y a point d'écarts.

Les écarts étant finis on en vient à jouer les cartes ; voici l'ordre de leur supériorité : Le roi, la dame, le valet, l'as, le dix, le neuf, le huit, le sept, le six, le cinq, le quatre, le trois et le deux.

Si un joueur ne fait aucune levée il est condamné à payer *la Mouche*, c'est-à-dire autant de jetons qu'il y a de joueurs, autrement un nombre égal à celui que le distributeur des cartes a été obligé de mettre devant lui.

Quand il y a plusieurs mouches faites sous un même coup, comme cela arrive fréquemment, lorsqu'il y a cinq à six joueurs, on les met au jeu toutes ensemble, à moins qu'il ne soit convenu auparavant de les jouer l'une après l'autre. Au reste, en quelque nombre qu'elles soient, celui qui donne les cartes n'en est pas moins obligé de mettre devant lui un nombre de jetons égal à celui des joueurs.

Le premier en cartes commence par telle carte qu'il juge à propos ; les autres sont obligés de fournir chacun une carte de même couleur, et, en outre, de forcer, s'ils ont les cartes supérieures à celles qu'on a jouées avant eux; par exemple, on a commencé par jouer le dix, le joueur suivant qui a le valet, le roi et le neuf est forcé de mettre au moins le valet sur le dix. S'il n'a mis que le valet et que celui qui doit jouer après lui, ait la dame et l'as, ce dernier est dans l'obligation de jouer la dame; mais si le joueur qui a le valet et le roi, juge à propos de jouer le roi, celui qui a la dame et l'as, peut garder la dame et ne fournir que l'as.

Au surplus, chaque levée vaut au joueur qui l'a faite, un des jetons que le distributeur a mis devant lui pour former la Mouche. Si, par événement, la Mouche se trouve doublée, triplée, quadruplée, chaque levée produit au joueur qui l'a faite, un, deux, trois ou quatre jetons.

Le joueur qui a fait une levée doit jouer le premier pour la levée suivante et les autres continuent en commençant par la droite de celui qui a joué le premier.

Si les cinq cartes qu'on donne d'abord à un joueur sont toutes d'une même couleur telle par exemple que cinq cœurs, cinq carreaux, etc., il a ce qu'on appelle la *Mouche* et il gagne sans jouer ce qui se trouve au jeu, même toutes les Mouches qui peuvent être dues.

Quand il arrive que plusieurs joueurs ont chacun la Mouche, c'est-à-dire, cinq cartes d'une même couleur, celui qui les a en atout gagne par préférence aux autres. Si aucun de ces joueurs n'a la Mouche en atout, c'est celui dont les cinq cartes présentent le plus grand nombre de points qui doit gagner ; enfin, si les points que renferment les jeux de plusieurs joueurs sont égaux, la primauté fait gagner celui qui est placé le plus près de la droite du distributeur des cartes.

L'as compte pour onze points, chaque figure, pour dix et les autres cartes pour le nombre que chacune présente.

Le joueur qui a la Mouche, n'est pas obligé de le dire, même quand on lui demande s'il la sauve ; mais s'il juge à propos de répondre, il est tenu d'accuser juste.

Quand un joueur a la Mouche, tous ceux qui n'ont pas abattu leur jeu, ou qui jouent sur le coup font chacun une Mouche. La même chose a lieu pour le joueur qui renonce.

Il en est de même de celui qui sous-force ; ceci a lieu lorsqu'un joueur ayant deux cartes de la couleur jouée, dont l'une est supérieure à la carte qu'il a jouée et l'autre inférieure, il ne fournit que celle-ci.

Lorsqu'on n'a aucune carte de la couleur jouée, on est forcé de couper si on a quelque triomphe ; autrement on est puni comme pour avoir renoncé. On est obligé, sous la même peine, de surcouper quand on le peut et lors qu'on a renoncé à la couleur coupée par un joueur précédent.

Le joueur qui donne mal doit refaire, mais il n'encourt pour cela aucune punition.

Quand le jeu est faux parce qu'il manque quelques cartes, ou qu'il y en a plus qu'il ne devrait y en avoir, le coup où l'on découvre ce vice est nul, mais on ne revient pas contre les coups joués antérieurement.

S'il arrivait qu'un joueur reprît dans son écart une carte pour la remettre dans son jeu, il ferait la *Mouche* et serait exclu du droit de jouer sur le coup.

Voici l'explication d'un petit nombre de termes particuliers à ce jeu. La signification des autres se trouve dans les vocabulaires de plusieurs jeux dont il a été question jusqu'ici, et particulièrement dans celui du Piquet.

Abattre le jeu. C'est avertir qu'on ne veut pas jouer sur le coup.

Mouche. Ce mot, qui est le nom du jeu, a deux autres significations : 1° Il se dit de cinq cartes d'une même couleur réunies dans un seul jeu ; 2° il signifie la peine à laquelle est assujetti le joueur qui, ayant joué sur le coup, n'a fait aucune levée, ou qui a renoncé, ou que quelqu'autre faute a fait condamner à la même peine.

Primauté. C'est l'avantage par lequel le joueur placé le plus près de la droite de celui qui a donné, gagne le coup quand il est en concurrence avec un ou plusieurs joueurs dont les points sont égaux aux siens.

Triomphe ou atout. C'est la couleur qui emporte toutes les autres cartes.

LE MISTIGRI.

Ce jeu, que l'on nomme également le *Phamphile*, diffère peu de la *Mouche*, dont il n'est pour ainsi dire qu'une variété. Le *Valet de trèfle*, auquel on donne ici le nom de *Mistigri* et quelquefois de *Lustucru*, l'emporte sur toutes les autres cartes et même sur le roi d'atout.

Le joueur qui se trouve avoir le Mistigri dans son jeu reçoit de chacun, un ou plusieurs jetons, suivant les conventions faites à l'avance. Le donneur est chargé de les lui remettre pour les autres joueurs.

Lorsque le donneur, en faisant la retourne, amène le Mistigri, il peut le placer parmi la couleur qui abonde le plus dans son jeu. Toutefois si le joueur qui possède le Mistigri se trouvait avoir quatre piques, quatre cœurs, ou quatre carreaux et que l'atout fût en l'une de ces couleurs il ne serait pas censé avoir gagné la Mouche, ou le *Lenturlu* comme l'on dit quelquefois à ce jeu, puisqu'il est indispensable pour ce coup de réunir cinq cartes de couleur semblable; à moins cependant, qu'il ne soit convenu d'avance, comme cela a lieu pour l'ordinaire, que le Mistigri pourra prendre la couleur de l'atout.

LE SMOOJAS.

Ce jeu, d'origine flamande, est peu connu et n'est point sans intérêt. Il n'a encore été décrit dans aucun ouvrage, même dans son pays natal où il est assez répandu. Au reste, ce jeu a beaucoup de rapport avec la Brisque décrite plus haut.

1° Le Smoojas se joue avec un jeu de trente-deux cartes. Le nombre des joueurs est de deux. La main se tire à la plus belle carte, comme dans le Piquet. Elle appartient ensuite à celui qui a gagné la partie.

2° Le jeu ayant été battu et coupé, le donneur distribue les cartes trois par trois, d'abord à son adversaire, puis à lui, jusqu'à ce que chacun ait neuf cartes. Il retourne ensuite la dix-neuvième qui est la *triomphe* et indique la couleur de l'atout.

3° Si l'un des joueurs se trouve avoir le sept de la même couleur que la triomphe dans son jeu, il aura le droit de le changer contre la carte de la retourne, s'il le juge à propos. On comprend que si la retourne est un sept il n'y aura pas d'échange à faire.

Cet échange se fait dans le courant du coup, pourvu qu'il ait lieu avant que la dernière carte du talon soit annoncée et jetée sur le tapis.

4° *Rang et valeur des cartes en dehors des atouts.* L'as, carte dominante du jeu, vaut onze; le roi trois; la dame deux; le valet un; le dix compte pour dix. Quant aux trois dernières cartes, le neuf, le huit et le sept, ils ne comptent pas.

5° *Rang et valeur des atouts.* Le valet est la carte la plus importante parmi les atouts, il est compté comme vingt et se nomme le *jas ;* la seconde est le neuf qui vaut quatorze et porte le nom de *nel.* L'as occupe le troisième rang, il vaut onze. Viennent ensuite le roi, la dame, le dix, le huit et le sept qui comptent comme il est dit plus haut, pour les cartes ordinaires.

6° La dernière levée vaut cinq points à celui qui la fait.

7° Le joueur qui a la main, ouvrira le jeu en jetant une carte à laquelle son adversaire doit répondre, soit en prenant avec une carte supérieure, soit en coupant avec un atout, soit en jetant une carte inférieure.

8. Le joueur qui a le premier jeté une carte, la remplacera par la carte de dessus du talon. Son adversaire fera de même et ils continueront de manière à avoir toujours neuf cartes en main jusqu'à l'épuisement du talon.

9° La retourne sera prise par celui des deux joueurs qui jettera la dernière carte avant la fin du talon.

10° Aussi longtemps que le talon subsistera, on pourra renoncer autant de fois qu'on le jugera à propos; mais dès que le talon aura été levé et que chacun aura en main ses neuf dernières cartes, il ne sera plus permis de renoncer, mais on pourra couper avec de l'atout.

11° Cette défense de renoncer ne sera point applicable à celui qui aura en main le valet d'atout seul, il pourra renoncer en triomphe tant qu'il le jugera convenable.

12° De même qu'au Piquet, il y a dan s c

jeu des tierces, quatrièmes, quintes, seizièmes, dix-septièmes et dix-huitièmes.

13º Le premier en cartes sera tenu de les annoncer avant de jeter sa carte, et d'indiquer leur couleur. De son côté, la partie adverse sera libre de faire montrer sur table toute tierce, quatrième, quinte, seizième, etc. qu'on nommera ; on ne le fait pas cependant ordinairement, s'en rapportant à la bonne foi du joueur.

14º Si l'adversaire a également un quatorze ou des séquences (1), il examinera si elles sont supérieures en valeur à celles qu'il pourrait avoir dans son jeu. Dans ce cas, il les déclare valables ; dans le cas contraire, il dira : *cela ne vaut pas*.

15º Il faut remarquer, qu'à la différence du Piquet, une quatrième, ici, n'annullera point une tierce dans la main de l'autre, de même qu'une quinte n'invalidera point une quatrième, si toutefois la partie adverse ne possède pas elle-même une quatrième ou

---

(1) Les séquences sont des séries de cartes, par exemple : un roi, une dame, un valet, un dix, forment une séquence ; un sept, un huit, un neuf, forment également une séquence, etc.

une tierce majeure, auquel cas l'article suivant est applicable.

16° Les tierces, quatrièmes, quintes et de même valeur se trouvant dans les deux jeux, celles du joueur qui aura la main, prévaudront et seront comptées, tandis que celles de son adversaire seront nulles.

17° Les séquences en atout seront exceptées quelle que soit la main où elles se trouveront. Bien plus, elles affranchiront les séquences hors d'atout, et qui, dans le cas ci-dessus, se seraient trouvées annulées.

18° Si le premier en cartes oubliait d'annoncer, avant de jeter sa première carte, les séquences et les quatorzièmes qu'il pourrait avoir en main, le second pourra annoncer et marquer tout ce qu'il possède en tierces, quatrièmes etc. sans que le premier puisse l'en empêcher, quand même il aurait en main des séquences supérieures.

19° Aussi longtemps que les joueurs pourront prendre des cartes au talon et renouveler ainsi en partie leur jeu, ils pourront annoncer les séquences et quatorzes qui leur surviendraient. Mais aussitôt que la première des neuf dernières cartes aura été jouée, on ne pourra plus déclarer tierces, quatrièmes, quintes etc., non plus que les quatorzes.

20° On devra déclarer les tierces, quatrièmes, quintes etc. dans l'ordre de leur progression, en sorte qu'ayant déclaré, par exemple, une quatrième, on ne pourra plus annoncer une tierce dans la même suite de cartes.

21° *Valeur des séquences.* Les tierces comptent pour vingt points ; les quatrièmes pour cinquante ; les quintes, seizièmes, dix-septièmes et dix-huitièmes, cent points. — Quatre rois ou quatre dames comptent cent ; les quatre valets deux cents. Quant aux quatre dix et aux quatre neuf, ils ne comptent rien, à moins de convention contraire. Dans ce cas ces quatorzièmes compteraient également cent.

22° Les quatorzièmes annullent dans la main de l'adversaire les tierces et les quatrièmes, mais point les quintes, seizièmes, dix-septièmes et dix-huitièmes qui, au contraire, annullent les quatorzièmes.

23° Le *mariage,* un roi et une dame dans la même couleur comptent vingt. On le marque en jetant sa première carte.

24° Celui qui ne fera aucune levée, avec ses neuf dernières cartes, perdra cent points.

25° Une tierce, si petite qu'elle soit, pourvu qu'elle ne puisse être annulée par l'adversaire, passe avant le *jas* ou valet et le *mariage*, pour finir la partie.

26° La partie ordinaire se joue en cinq cents points. On peut augmenter ou diminuer ce chiffre, après conventions faites avant de commencer le jeu. Celui des deux joueurs qui n'atteint pas ce nombre, perd la partie.

27° Dans le cas où les deux parties quitteraient le jeu sans aller jusqu'au bout et sans avoir complété ni l'un ni l'autre le nombre de points nécessaires, celui qui fera la dernière levée aura gagné.

Règlement et pénalités.

28° En cas de mal-donne, la main passe à la partie adverse.

29° Si l'un des joueurs s'aperçoit que son adversaire joue sans avoir levé de carte, il l'en avertira et marquera cent points à son profit. Le joueur qui aura fait la faute levera une carte au talon pour remplacer celle qu'il aurait dû prendre.

30° Celui qui, en voulant prendre une carte en lèverait deux, paiera une amende de cent points, lors même qu'il assurerait ne point l'avoir vue. Dans le cas où la partie adverse aurait lieu de croire qu'elle a été vue, elle aura le droit de rebattre le talon.

31° Les cartes jouées et couvertes ne pourront plus être vues tant que le talon ne sera point épuisé, sous peine, pour le joueur qui aura dérogé à cette règle, de perdre cent points. Toute levée sera censée couverte lorsqu'il y aura une levée postérieure.

32° Celui qui renoncerait, lorsque le talon sera levé et que chacun aura ses neuf dernières cartes, sera marqué de cent points au profit de la partie adverse, et le coup sera redressé.

33° Celui qui aura joué avec trop de cartes perdra la partie.

34° Celui qui aura joué avec moins de cartes perdra cent points au profit de la partie adverse, et si cette faute se découvre, soit à la dernière carte du talon, soit lorsque le talon aura été entièrement levé, la partie sera censée finie et recommencera, retenant néanmoins tout ce qui aura été marqué de part et d'autre également au profit de l'adversaire et de plus, tout ce que le joueur fautif pourra encore nommer en une seule fois.

35° Si un joueur annonçait des séquences ou quatorzièmes qu'il n'aurait pas réellement en main, il perdrait la partie dès que son adversaire se serait aperçu de cette fraude, eût-il même gagné cette même partie.

LE COMMERCE.

On peut, à ce jeu de cartes, jouer depuis trois jusqu'à douze personnes.

On se sert d'un jeu de cinquante-deux cartes. L'as vaut onze points, les figures dix et les autres cartes suivant le nombre de points qu'elles présentent.

On se sert de jetons qui ont chacun une valeur convenue. Chaque joueur en met un au jeu en y entrant, et on appelle ces jetons la *Poule*.

Après que le sort a indiqué le joueur qui doit distribuer les cartes et qu'on appelle le *Banquier*, celui-ci les mêle, les fait couper par le joueur qui est à sa gauche, puis il donne trois cartes à chaque joueur, en commençant par sa droite. Ces cartes peuvent être données l'une après l'autre, ou toutes les trois ensemble. Celles qui restent, après que chaque joueur a reçu les siennes, composent le talon, et ce talon se nomme la *Banque*.

La partie dure un ou plusieurs tours, suivant la convention que l'on a faite à cet égard en entrant au jeu. A chaque fois le banquier change, et chaque joueur le devient à son tour.

S'il arrive que le jeu soit faux ou qu'on ait mal donné, ou qu'il y ait une carte retournée dans le jeu, on recommence le coup.

Comme il y a au jeu de *Commerce* trois chances pour gagner la poule, chaque joueur doit tâcher de se procurer celle qui, par la nature de ses cartes, paraît la plus facile à obtenir.

Ces chances sont le *point*, la *séquence* et le *tricon*.

Le point consiste dans deux ou trois cartes d'une même couleur : ainsi, par exemple, l'as et le dix de cœur donnent pour point vingt-et-un : la dame, le neuf et le huit de carreau, donnent pour point vingt-sept : une seule carte ne fait pas point. On conçoit que le plus fort point gagne de préférence au plus faible.

La séquence se forme par la réunion de trois cartes qui se suivent immédiatement. Ainsi, un as, un roi, une dame, composent la principale séquence : un quatre, un trois et un deux composent également une séquence, mais la moindre de toutes.

La séquence supérieure l'emporte sur l'inférieure ; mais celle-ci gagne par préférence au point, quelque considérable qu'il soit.

Le tricon consiste dans la réunion de trois cartes de même figure, comme trois as, trois dames, trois dix, trois six, etc. Le tricon supérieur l'emporte sur l'inférieur, mais celui-ci gagne préférablement au point et à la séquence.

Il suit de là que quand il n'y a ni séquence ni tricon dans le jeu, c'est le plus fort point qui gagne la poule ; ensuite c'est la plus haute séquence, quand il n'y a pas de tricon ; et enfin le plus haut tricon, lorsqu'il s'en trouve plusieurs.

Lorsque les cartes sont données, le banquier met le talon devant lui, et fait cette question : *Qui veut commercer ?*

Le premier en cartes, après avoir vu son jeu, répond qu'il veut *commercer pour argent* ou *troc pour troc* : les autres joueurs font successivement, et chacun à son tour, l'une ou l'autre de ces réponses.

Si l'on dit que l'on veut *commercer pour argent*, c'est demander au banquier une carte du talon à la place d'une autre carte qu'on lui donne et qu'il met sous le talon : on lui paie pour cette carte un jeton.

Si l'on dit que l'on veut *commercer troc pour troc*, cela signifie qu'on veut changer une carte contre une de celles du joueur qu'on a à sa droite, et il n'en coûte rien pour cela. Ainsi chaque joueur, l'un après l'autre, et selon le rang où il se trouve placé, commerce jusqu'à ce qu'il ait trouvé ce qu'il cherche.

Aussitôt qu'un joueur s'est formé le point, la séquence ou le tricon qu'il désirait, il montre son jeu et les autres sont obligés de cesser tout commerce. Il faut qu'alors ils s'en tiennent à leur jeu tel qu'il se trouve.

Il faudrait également que chaque joueur s'en tînt à son jeu, tel qu'il serait, si le premier en cartes, satisfait du sien, le mettait en évidence, sans vouloir commercer.

Dans ce cas, comme dans tous les autres, où l'un des joueurs a arrêté le *commerce*, celui qui a le plus fort point, la plus haute séquence ou le tricon supérieur, gagne la poule, et l'on en prépare une autre par de nouveaux enjeux.

Le banquier a des avantages et des désavantages qui lui sont propres :

1° Il retire de ceux qui commercent pour argent, un jeton par chaque carte qu'il délivre du talon ;

2° Le banquier ne donne rien à personne pour *commercer* à la banque.

3° S'il arrive que le point, la séquence ou le tricon soient égaux entre le banquier et d'autres joueurs, le banquier gagne la poule, par préférence à ces joueurs ;

4° Le banquier peut commercer au troc comme les autres joueurs, dans ce cas il fournit sans argent une carte au joueur qui est à sa gauche.

5° Quelque soit le jeu que le banquier ait

en main il est obligé, quand il ne gagne pas la poule, de donner un jeton à celui qui la gagne.

6° Le banquier qui ayant point, séquence ou tricon, ne gagne pas la poule, parce qu'un autre joueur a un point ou une séquence ou un tricon supérieur, est tenu de donner un jeton à chaque joueur, quand même il n'aurait rien retiré de la banque.

Nous avons dit que le banquier changeait à chaque tour; le joueur de droite prend les cartes et devient banquier, à moins qu'il ne soit convenu que chaque partie sera d'un certain nombre de tours pendant lesquels le banquier restera le même.

LE ROMESTECQ.

Ce jeu, d'origine hollandaise, est assez compliqué et se joue à deux, quatre ou six personnes, avec un jeu de piquet auquel on a ajouté les six. Son nom vient des deux mots *Rome* et *Stecq* employés dans ce jeu.

Jouant à six, il s'agit d'assortir les parties. Pour cela, on fait tirer à chaque personne une carte ; les trois plus hautes sont ensemble et les plus basses pareillement. Il en est de même lorsqu'on joue à quatre.

Lorsqu'on est six personnes, le joueur du milieu prend les cartes, et fait couper par celui qui se trouve en face de lui ; puis il coupe à son tour : celui qui amène la plus haute carte donnera les cartes. Il en distribue cinq à chacun par deux et une, ou par trois et deux ; mais ayant adopté une de ces deux manières, il doit la continuer.

A quatre personnes, celui qui coupe la plus belle carte donne. Il en est de même lorsqu'on n'est que deux.

A six, celui qui est en face du donneur marque le jeu avec des jetons ou avec un crayon. En Hollande, on se sert de craie, et on marque sur la table.

A quatre, il y a beaucoup d'avantage à être à la droite du donneur, parce qu'étant son partenaire, il vous communique son jeu, et l'on est premier en cartes.

Le jeu, lorsqu'on est six, se joue en trente-six points, nombre égal à celui des cartes. Lorsqu'on n'est que quatre, il se joue en vingt-et-un points. Au reste, le nombre de points comme la valeur des parties varie suivant les conventions. La valeur des cartes est la même qu'au piquet. L'as emporte toutes les autres cartes de la même couleur. On ne peut faire une levée avec une carte supérieure qu'autant qu'elle est de même couleur que la carte inférieure jetée sur le tapis, sans cela celle-ci prend la carte supérieure.

Pour bien comprendre ce jeu, il est nécessaire d'expliquer la signification des termes bizarres qu'on y emploie.

Virlique. C'est quatre cartes semblables : quatre as, quatre rois, quatre dames ou autres cartes quelconques. Lorsqu'elles arrivent d'emblée dans la main du joueur, elles font gagner la partie. Si deux joueurs ont chacun une virlique, la plus haute l'emporte.

Triche. On nomme ainsi trois cartes de même sorte arrivées d'emblée dans la même main. Trois as ou trois rois valent trois points. La triche des cartes inférieures ne compte que pour deux points.

La *double ningre* se compose de deux as avec deux rois, ou bien deux as avec deux dix, ou encore deux rois en place de deux as.

Ces cartes arrivées d'emblée dans la main du joueur comptent pour trois points.

Le *village*. Ce coup exige deux dames et deux valets de même couleur. Par exemple, si on a la dame de cœur et la dame de pique, il faut y joindre le valet de cœur et le valet de pique, ou bien deux neuf et deux dix, deux sept et deux huit et autres cartes inférieures. Mais si leurs couleurs se contrarient, on ne compte rien. Dans le cas contraire, le village vaut deux points à celui qui le possède.

Le *Rome*. Deux cartes semblables au-dessous des as et des rois, par exemple : deux dames, deux valets, deux dix, deux neuf ou deux cartes inférieures arrivées d'emblée font un *Rome*, et donnent un point.

Le *double Rome*. On donne ce nom à deux as ou à deux rois arrivés d'emblée dans la même main.

Stecq, c'est-à-dire, avoir la dernière levée fait gagner un point.

Une particularité de ce jeu, c'est qu'il n'est point permis de désigner les cartes par leurs noms ordinaires, lorsqu'on les jette sur le tapis. Quand vous jetterez une des quatre cartes qui composent le ningre, il faut dire, en la jetant : *Pièce de ningre ;* et de même pour les autres coups : *Pièce de virlique ; pièce de village ; pièce de Rome ; pièce de double Rome.*

Pour réussir à ce jeu, il faut d'abord examiner soigneusement son jeu pour voir si l'on n'a point quelques-uns des coups indiqués plus haut, les annoncer en jouant à son tour ; avoir soin de fournir de la couleur jouée ; et si l'on n'en a pas, jeter les plus basses cartes et veiller surtout à ce que celles qui forment les coups indiqués ci-dessus ne soient pas *grugées*, c'est-à-dire prises, et tâcher surtout de faire le stecq, qui, à nombre égal de levées, détermine le gain de la partie.

Nous avons donc dit que le premier en cartes marquait pour tous les joueurs à mesure qu'ils annoncent un coup, mais c'est plutôt en effaçant les marques, car il commence par marquer à chacun le nombre total des points de la partie, et il les efface à mesure des points qu'ils gagnent.

LA TONTINE.

A ce jeu de cartes on peut jouer jusqu'à douze ou quinze personnes.

On se sert d'un jeu entier de cinquante-deux cartes.

Avant de commencer on distribue à chaque joueur une *prise* composée de vingt jetons qui ont une valeur convenue. De ces vingt jetons chacun en met trois dans un panier pour former la *poule*; ensuite le joueur que le sort a indiqué pour donner, mêle les cartes, fait couper par le joueur placé à sa gauche, et distribue tant à lui qu'à chacun des autres joueurs une carte découverte, en commençant par sa droite.

Si la carte distribuée à un joueur quelconque est un roi, ce joueur tire trois jetons du panier; deux si c'est une dame, et un si c'est un valet. Le dix ne produit ni perte ni profit. L'as oblige celui qui l'a reçu à donner un jeton au joueur placé à sa gauche. Si c'est un deux, on donne deux jetons au second voisin de sa gauche; et si c'est un trois on doit trois jetons au troisième voisin du même côté.

Quant au joueur qui a un quatre, il doit mettre deux jetons au panier; un si sa carte est un cinq ; deux si c'est un six, un si c'est un sept, deux si c'est un huit, et un si c'est un neuf.

Récapitulons cette mise de jetons.

Le joueur qui reçoit un roi tire du panier	3 jetons.
Pour une dame	2 —
Pour un valet	1 —
Pour un dix	» —
Si le joueur reçoit un as il donne au premier voisin de gauche	1 jetons.
Un deux ; au second voisin de gauche,	2 —
Un trois ; au troisième voisin de gauche,	3 —
Un quatre ; il met au panier	2 —
Un cinq	1 —
Un six	2 —
Un sept	1 —
Un huit	2 —
Un neuf	1 —

Lorsque les paiements sont terminés, le joueur placé à la droite de celui qui a donné, ramasse les cartes, mêle, fait couper, et donne comme le précédent : le jeu continue de cette manière jusqu'à ce que la poule soit gagnée. Il faut pour cela, qu'à l'exception d'un seul joueur, tous les autres aient perdu leur prise de vingt jetons. Celui qui n'a pas perdu la sienne emporte le panier.

Lorsqu'il ne reste plus de jetons à un joueur on dit qu'il est *mort* : mais tant que la poule n'est pas gagnée, il a l'espérance de ressusciter par le moyen des jetons que ses voisins peuvent être obligés de lui donner; dans les cas dont on a parlé précédemment.

Tant qu'un joueur mort, n'est pas ressuscité, on ne lui distribue aucune carte, et il ne donne pas lorsque son tour de donner arrive; mais aussitôt qu'il a un seul jeton, il joue comme les autres ; et s'il vient à perdre plusieurs jetons d'un seul coup, il est quitte en donnant celui qu'il avait reçu.

LE VINGT-ET-UN.

Ce jeu, assez amusant, a beaucoup de rapport avec celui de la Ferme dont nous parlerons plus loin. On y joue en nombre indéterminé, proportionnant la distribution des cartes à la quantité des joueurs ; on prend ordinairement un jeu entier de cinquante-deux cartes pour cinq, six ou même sept personnes. Si le nombre est plus grand on se sert de deux jeux. Chacun prend vingt-cinq ou trente jetons auxquels on donne la valeur convenue. On tire ensuite au sort à qui mêlera, et le donneur prend le titre de *banquier*. Après avoir mêlé et fait couper, il donne deux cartes en deux fois à chaque joueur, et tenant toujours le talon en main, il regarde son jeu. Le joueur qui a vingt-et-un, dit, *vingt-et-un d'emblée*, et étale ses cartes sur le tapis. Le banquier agit de même s'il a aussi vingt-et-un. Indiquons actuellement et la valeur des cartes et la meilleure manière de jouer pour obtenir vingt-et-un.

Les cartes ont leur valeur ordinaire, c'est-à-dire, comptent les points qu'elles marquent. Les figures valent dix ; mais, par un privilége particulier, les as valent à la fois un et onze. Ainsi, pour le vingt-et-un d'emblée, on a, ou un dix et un as, ou une figure et cette même carte. Supposez que l'on ait deux as, qu'on demande *carte*, et qu'il vienne un neuf, on prend un des as pour onze et l'autre pour un., ce qui fait vingt-et-un au moyen du neuf ; on a toujours la ressource de changer ainsi la valeur des as à volonté.

Le vingt-et-un d'emblée est le coup supérieur, le joueur qui l'a reçoit deux jetons du banquier, jette ses cartes au pied du flambeau et les autres continuent à jouer. Si le vingt-et-un est entre les mains du banquier, chaque joueur lui paie deux jetons et tout le monde abat son jeu sans jouer. En s'abstenant de mêler et de faire couper (ce qui ne se fait que la première fois), le banquier donne de nouveau, et s'il n'a pas vingt-et-un d'emblée, il tient le talon de la main droite, et attend que le premier à jouer parle. Si celui-ci ne trouve pas son jeu à son gré, il demande *carte* ; et le banquier lui en donne une, prise de dessus le talon, en la jetant sur la table sans la retourner. Si cette carte ne suffit pas, le joueur dit : *carte encore*, et ainsi de suite, jusqu'à ce qu'ayant ce qui lui convient, il dise je *m'y tiens*. Quand on dépasse le point de vingt-et-un on est *crevé* et il faut payer au banquier un jeton et abattre ses cartes; cependant on est libre de ne le faire qu'à la fin du tour, parce que si le banquier crevait on ne lui paierait rien; mais cela étant sujet à discussion, il semble qu'il vaut mieux payer de suite lorsqu'on crève.

Quand tous les joueurs sont servis et que vient le tour du banquier, il se donne successivement des cartes ; s'il obtient vingt-et-un il reçoit un jeton des joueurs qui ont un point inférieur, ceux qui ont vingt-et-un comme lui, ne donnent rien, non plus que ceux qui ont crevé. S'il crève lui-même, il doit un jeton à chaque joueur (les crevés exceptés), et même à ceux qui se sont tenus au plus bas point. Lorsqu'il *s'y tient*, crève, ou fait vingt-et-un, tout le monde met cartes sur table, et le banquier paie un jeton s'il a crevé.

Il faut se garder de trop forcer le jeu,

c'est-à-dire de ne pas demander *Carte* lorsqu'on approche du nombre vingt-et-un, dans la crainte d'en voir arriver une grosse qui ferait crever. Passé quinze il est prudent de s'y tenir; à quinze on a l'espérance d'obtenir un quatre, un cinq, un six; mais à seize, c'est trop chanceux; il vaut mieux *s'y tenir*. Le banquier ne peut et ne doit point calculer ainsi, parce que s'il s'en tient à un nombre bien bas, comme seize ou dix-sept, il est presque assuré que les deux tiers des joueurs auront des points plus forts, et que par conséquent il vaut mieux s'efforcer d'avoir un vingt-et-un. Lorsqu'il a un point égal à celui d'un autre joueur, sans que ce point soit vingt-et-un (supposons vingt), il dit : *je paie en cartes* et ne donne rien.

Quand le banquier a épuisé le jeu de cartes, il prend une partie de celles que l'on a mises au flambeau, à mesure que les tours ont été joués, et, après les avoir mêlées et fait couper, il donne pendant un tour, et cède au tour suivant son emploi à son voisin de droite. Le tour fini, les joueurs doivent réunir toutes les cartes jouées et les mettre au flambeau. Quand un joueur a perdu sa mise, il ne quitte pas le jeu pour cela, il est libre de mettre une nouvelle mise ou d'emprunter des jetons de l'un des riches joueurs, ou, mieux encore, de donner la valeur que représente l'enjeu de vingt-cinq jetons.

LE TRENTE-ET-UN.

Le Trente-et-un se joue de même, mais chaque joueur prend trois cartes au lieu de deux. La règle est la même pour l'as qui, à la volonté du joueur, vaut un ou onze points. On joue plus généralement le Trente-et-un que le Vingt-et-un.

LE BRELAN DE FAMILLE.

Ce jeu fort amusant et d'une marche rapide, ne laisse pas de place à l'ennui. On le joue avec un jeu de piquet. Le nombre de joueurs peut varier de quatre à six ou huit personnes.

Voici la valeur des cartes : l'as vaut onze, les figures dix et les autres cartes suivant le nombre de leurs points.

Après être convenu de la valeur des fiches qu'on fera bien de porter à un taux minime, à cause de la rapidité du jeu et du nombre de payants, on donnera à chaque joueur cinq fiches, valant chacune dix jetons et de plus une dizaine de jetons.

On tire à qui donnera; la plus haute carte l'emporte ; car c'est un avantage que de donner. Après avoir battu les cartes et fait couper à sa gauche, celui qui est chargé de la donne distribue à la ronde les cartes une à une, se sert le dernier, et chaque fois dépose sur le tapis une carte non retournée. Il recommence encore deux fois sa donne, en sorte que chaque joueur aura trois cartes, qu'il ne doit pas laisser voir et il s'en trouvera également trois sur le tapis, mais que chacun verra.

Si ces cartes conviennent au donneur, il a le droit de les prendre mais il met son jeu à découvert en place et le pousse à sa droite vers le premier en cartes. Celui-ci a également le droit de changer l'une de ses cartes, mais s'il est satisfait de son jeu et qu'il n'y veuille rien changer, il dit : *Je m'y tiens*, et dès ce moment tout échange de cartes, lui est interdit. Les trois cartes sont ensuite poussées vers le voisin de droite qui a la même faculté de choisir une carte en échange de l'une des siennes ou de s'y tenir. On continue à faire circuler les trois cartes jusqu'à ce que l'un des joueurs soit parvenu à force d'échanger, à faire un brelan de trois cartes ou un trente-et-un, lequel doit être dans une seule couleur.

Tous les brelans sont bons depuis celui de rois ou d'as, jusqu'au brelan de sept.

Quand un joueur a un brelan, il ne manque pas de s'y tenir; mais lorsqu'on annonce un *trente-et-un* qui se trouve toujours composé en outre de l'as, de deux figures ou de deux dix, ou encore d'une figure et d'un dix, toujours dans la même couleur, alors chacun abat son jeu et le contenu de la corbeille appartient à son heureux possesseur.

Ceux qui ont des brelans ne paient rien, mais tous les autres donnent un jeton. Le joueur qui a le point le moins élevé en paie deux. Si deux joueurs ont le même point inférieur, ils donnent également chacun deux jetons.

Après le trente-et-un on recommence une

autre partie et la main passe au joueur de droite.

Ce jeu est d'autant plus piquant que, dans l'espoir d'obtenir un brelan ou un trente-et-un, on défait quelquefois un jeu sortable et l'on finit par ne rien avoir et payer deux jetons. Cela arrive souvent lorsqu'on poursuit des brelans de sept, de huit, de neuf, etc., ou qu'ayant vingt points par les figures ou les dix, on espère voir arriver un as qui formera le trente-et-un, et souvent, au moment où il s'approche de vous, le voisin qui vous précède, l'enlève soit pour se faire un jeu, soit pour empêcher le trente-et-un qui ferait abattre les cartes.

Ce jeu est sujet à diverses modifications; dans quelques sociétés, le brelan fait abattre les cartes de même que le trente-et-un, et son possesseur gagne les enjeux. Dans d'autres la corbeille est réservée pour le trente-et-un, mais chaque joueur paie un jeton à celui qui a le brelan. S'il se trouve simultanément plusieurs brelans lorsqu'on abat les cartes, on ne paie un jeton qu'au brelan le plus élevé. Les autres brelans s'ils ne reçoivent pas, ne paient rien.

LA FERME.

C'est un jeu de famille fort amusant : on peut y jouer jusqu'à dix ou douze, car plus on est de joueurs, plus il présente d'intérêt. On se sert d'un jeu de cinquante-deux cartes dont on supprime les huit, afin que le nombre seize n'arrive pas trop fréquemment, nombre qui joue un grand rôle dans ce jeu ; car il faut y arriver pour gagner. Par la même raison, on supprime trois six dont la rencontre avec les dix amènerait trop souvent le nombre seize.

Le seul six qui reste dans le jeu est le six de cœur, il est très-avantageux de l'obtenir pour première carte.

Les cartes valent ce qu'elles sont marquées : chaque figure dix points et l'as un point.

Le sort désigne le donneur qui est en même temps le fermier. On lui adjuge la ferme à un prix quelconque ; cinquante, soixante-quinze centimes, un franc et même plus, suivant la valeur donnée aux jetons et le nombre de joueurs. On met à part dans une petite corbeille le prix convenu pour la ferme, puis le fermier mêle, fait couper, distribue à chacun des joueurs une carte de dessus le jeu. Il s'arrête alors, et tenant toujours le talon en main il revient au premier à jouer et le regarde. Celui-ci demande *carte*, le fermier lui en donne une, prise sous le talon, si le joueur n'est pas satisfait, il réitère sa demande et il est servi de nouveau de la même manière ; s'il n'en veut pas davantage, il dit : *je m'y tiens*. Le fermier passe ensuite au joueur suivant auquel il donne une ou plusieurs cartes suivant sa demande et il sert ainsi tous les joueurs à la ronde.

Nous avons dit que l'essentiel était d'arriver au nombre seize, mais il ne faut point le dépasser, car alors on paie autant de jetons qu'on a de points au delà. Celui qui craint cette mésaventure, d'après les cartes qu'il a déjà en main, dit qu'il s'y tient. Alors ayant un nombre inférieur à seize il ne paie rien au fermier, mais il perd l'espoir de le déposséder. Supposons, dans le premier cas, que sa première carte soit une figure et sa seconde un as, il demande une troisième carte dans l'espérance d'obtenir un cinq, au lieu d'un cinq il lui survient une nouvelle figure ; il *Crève* donc et aura cinq jetons à donner au fermier.

Quand on approche de seize (qu'on a quatorze par exemple), il est très-imprudent de demander une carte parce qu'il y a plusieurs à parier contre un qu'on crevera, tandis qu'en s'y tenant, il est possible qu'on profite du jeton que chacun a mis au jeu et que gagne celui qui a le point le plus voisin de seize, toutefois lorsque personne ne dépossède le fermier et qu'un autre joueur n'est pas arrivé à quinze.

Si deux joueurs ont le même point voisin de seize, ils partagent ou bien on tire à la plus belle carte.

Lorsqu'un des joueurs arrive justement au nombre seize, il dépossède le fermier, gagne le prix de la ferme ainsi que les jetons que chacun a mis en commençant au jeu. Outre cela, le gagnant devient fermier à son tour à moins qu'il n'ait été convenu que le fermier serait inamovible ou que chacun serait fermier à tour de rôle. Celui qui a seize points doit le faire connaître afin d'arrêter la distribution des cartes qui pourrait donner naissance à des compétiteurs. Au reste, la question serait promptement jugée : la ferme appartient au premier en date.

On pourrait croire que la condition de fermier est défavorable, mais ordinairement il est plus qu'indemnisé de la perte de sa ferme par les jetons que les joueurs qui ont crevé donnent pour le surplus des seize points.

LE NAIN JAUNE OU JEU DU LINDOR.

On emploie pour jouer au Nain Jaune, un jeu de cinquante-deux cartes et une sorte de tableau représentant au milieu un nain, tenant en main un sept de carreau. Aux quatre coins du tableau sont figurées quatre cartes, savoir en haut, à gauche, un roi de cœur, à droite, la dame de pique, en bas, au-dessous du roi de cœur, le valet de trêfle et au-dessous de la dame de pique, le dix de carreau. (Voyez la planche première où ce tableau est représenté.)

On supplée facilement à ce tableau en attachant au milieu du tapis sur lequel on joue, le sept de carreau, et l'entourant des quatre cartes ci-dessous.

Pour jouer à ce jeu on doit être trois au moins et huit au plus. On distribue au joueur une quantité de jetons qui ont une valeur convenue, et l'on fait tirer à chacun une carte, la plus haute désigne celui qui doit donner.

Supposons que le nombre de joueurs soit de quatre, après avoir battu le jeu et fait couper, on donne à chacun douze cartes en les distribuant trois par trois. Il reste alors quatre cartes au talon.

Dans le cas où le nombre de joueurs ne serait que de trois, on donnerait quinze cartes et il n'y aurait au talon que sept cartes.
A cinq joueurs, 9 cartes. — Talon 7 cartes.
A six joueurs, 8 cartes. — Talon 4 cartes.
A sept joueurs, 7 cartes. — Talon 3 cartes.
A huit joueurs, 6 cartes. — Talon 4 cartes.

Avant de distribuer les cartes, on commence par garnir le tableau, c'est-à-dire à faire la mise du jeu. Chacun des joueurs met un jeton sur le dix de carreau, deux jetons sur le valet de trèfle, trois jetons sur la dame de pique, quatre jetons sur le roi de cœur et cinq jetons sur le Nain Jaune ou sur le sept de carreau qui le représente.

Le roi est la plus haute carte du jeu et l'as la plus basse, les autres cartes ont la valeur ordinaire.

Lorsque la donne est achevée, le premier en cartes commence à jouer la carte qui lui convient, s'il a une série de basses cartes de la même couleur telle qu'un as, un deux, un trois, un quatre, un cinq, un six, etc., il les joue toutes à la fois en disant : un, deux, trois, quatre, cinq, six sans sept. Le joueur qui a le sept, le met ainsi que toutes les autres cartes qui se suivent dans son jeu : il dira sept, huit, neuf sans dix. Le joueur, qui aura le dix, le mettra ainsi que les cartes qui pourraient suivre dix toujours dans la même couleur.

Celui qui a mis un roi commence par où bon lui semble, de même que celui qui n'est pas coupé par une carte supérieure qui suit la sienne.

Dans ce jeu où le gain de la partie consiste à se défaire promptement de toutes ses cartes, il est bon de remarquer qu'il faut toujours se débarrasser de ses plus basses cartes, surtout quand on n'a pas de rois, parce qu'on n'a pas d'occasion dans le courant du jeu, de pouvoir se défaire des basses cartes.

Cependant cela peut arriver. Supposons qu'un joueur dise : sept sans huit et que personne n'ait le huit, alors il recommence par où il veut et peut jouer un, deux, trois, quatre, cinq, six, sept et se débarrasser ainsi de toutes ses basses cartes; il faut pour cela que le huit soit resté seul au talon.

Lorsqu'un joueur a son jeu disposé de manière à pouvoir se défaire de toutes ses cartes de suite, la première fois qu'il est en tour de jouer, cela s'appelle le *Grand-Opéra* et il ramasse tout ce qui est sur le tableau. De plus, dans quelques localités, chaque joueur doit lui donner autant de jetons qu'il a de points dans la main, mais ce cas se présente rarement.

On nomme *belles-cartes* les cartes qui correspondent à celles qui sont figurées sur le tableau. Elles peuvent être d'un grand avantage ou fort onéreuses. Elles sont avantageuses lorsqu'on parvient à les jouer, parce qu'alors on enlève la mise placée sur les cartes figurées. Ainsi, le roi de cœur, lorsqu'on le met sur le tapis, enlève la mise posée sur le roi de cœur figuré. Il en est de même pour la dame de pique, le valet de trèfle, le dix et le sept de carreau.

Mais lorsque par malheur ces mêmes cartes vous restent dans la main, faute de pouvoir les placer, vous êtes obligé de payer une bête (1) égale au nombre de jetons qui se trouvent sur les cartes figurées.

Il est donc très-important au jeu du Nain-Jaune de se défaire d'abord des cartes pareilles à celles qui sont sur le tableau. Si l'on dit par exemple : six sans sept et que vous ayiez dans la main le sept de carreau et un autre sept, il faut de préférence mettre le sept de carreau; si vous avez un roi, comme vous êtes libre après l'avoir jeté de commencer par où vous voulez, vous pouvez jouer sept de carreau sans huit, surtout si le sept de carreau est bien chargé, car il vaut mieux qu'il vous reste dans la main deux grosses cartes dont vous auriez pu vous défaire et qui ne feront payer que dix-neuf ou vingt points, que le

---

(1) Amende que l'on paie à divers jeux.

sept de carreau qui vous en fera d'abord payer sept, et ensuite tous les jetons qui sont dessus.

L'AS QUI COURT.

On prend un jeu de carte entier, on donne une carte à chacun : le premier, qui est à côté de celui qui a donné, s'il n'est pas content de sa carte, la change avec son voisin; le voisin avec le suivant, ainsi de suite, jusqu'à celui qui a donné; après quoi, on retourne les cartes, et la plus basse paie un jeton; l'as est la plus basse. Si j'ai un as, que je le donne à mon voisin et qu'il m'en rende un, alors, je paie, parce que c'est la première des plus basses cartes qui paie. Quelquefois, on change un deux pour un as, un trois pour un deux. Alors, celui qui a donné une carte inférieure à celle qu'il a reçue doit s'y tenir; s'il a donné un deux pour un trois, il risquerait en changeant son trois avec son voisin, de trouver un as; au lieu qu'en disant : je m'y tiens et en ne changeant pas, il est sûr de ne pas payer.

On ne peut pas obliger ceux qui ont des rois de changer; ceux qui en ont peuvent même, s'ils le veulent, les découvrir de suite.

L'as revient souvent à celui qui a donné les cartes, à moins qu'il ne soit arrêté dans sa course par un roi; alors, celui-ci peut, quand il n'est pas content de la carte, en tirer une autre du jeu. Dans plusieurs pays, le roi renvoie à l'as ou à la plus basse; c'est-à-dire, qu'en tirant un roi, on revient à la carte qu'on avait; le tout dépend des conventions qu'on fait en se mettant au jeu.

LE LANSQUENET.

Ce jeu de pur hasard introduit en France par des lansquenets allemands et auquel on ne devrait jamais jouer qu'en famille ou entre amis, exposerait à faire des pertes considérables si l'on y jouait gros jeu; aussi avait-il été plusieurs fois défendu par l'autorité, notamment par Colbert. Après être tombé en désuétude, il est redevenu à la mode depuis quelques années. Mais joué comme nous le disons en famille et avec des mises modestes, il n'est pas plus dangereux que le *Loto*, ce jeu chéri des gens âgés, des douairières et des marchands retirés.

On le joue avec un jeu entier de cinquante-deux cartes. Le nombre des joueurs est illimité : ceux qui tiennent la main alternativement se nomment *coupeurs*, les autres sont appelés *pontes*.

Lorsque les cartes sont mêlées et que le coupeur qui tient la main a fait couper, il distribue une carte à chacun des autres joueurs en commençant par sa droite. Ces cartes sont appelées *cartes droites* pour les distinguer de celles qui doivent ensuite être tirées.

Chaque coupeur met sur sa carte droite une somme convenue : ce qu'on nomme le *fond du jeu*.

D'un autre côté, les pontes peuvent avant que la carte du banquier soit tirée, mettre ce qu'ils jugent à propos à une chance qu'on appelle la *joie* ou la *réjouissance*.

Quand le jeu est fait, tant sur les cartes droites que sur la réjouissance, le coupeur qui tient la main se donne une carte qu'il découvre.

Après s'être donné cette carte, il tire celle qui doit décider du sort de la réjouissance.

Il tire ensuite d'autres cartes, et c'est de l'arrivée plus prompte ou plus tardive d'une carte semblable à celle qu'il s'est donnée que dépendent la perte ou le gain de tous les intéressés dans la partie. On comprendra mieux cette particularité lorsqu'on aura fait connaître ce qui a rapport aux cartes droites et à la réjouissance.

Quand le coupeur qui a la main donne une carte droite double à l'un des coupeurs, c'est-à-dire une carte de même espèce que celle qu'il a déjà donnée à l'un des coupeurs, un roi de cœur par exemple, s'il a déjà donné un roi de trèfle, de pique ou de carreau, il gagne la somme convenue que le joueur qui n'a pas la main a dû mettre sur sa carte, mais il est obligé de tenir deux fois cette somme sur la carte double.

Pareillement, lorsque le coupeur qui a la main donne une carte droite triple à l'un des coupeurs, c'est-à-dire une carte de même espèce que celles qu'il a données auparavant à deux autres coupeurs, lesquelles formaient la carte double dont on a parlé précédemment, il gagne ce qu'on a dû jouer sur cette carte double, mais il est tenu de mettre quatre fois la somme convenue, qu'on appelle autrement *fonds du jeu* sur la carte triple.

S'il arrive que le coupeur qui a la main donne une carte droite quadruple à l'un des coupeurs, il reprend ce qu'il a mis sur les cartes droites simples ou doubles, s'il s'en trouve au jeu, mais il perd ce qui est sur la carte triple et il quitte à l'instant la main sans donner aucune autre carte.

Enfin, si la carte quadruple que tire le coupeur qui a la main est pour lui, il gagne tout ce qu'il y a sur les cartes des autres coupeurs, et, sans donner d'autres cartes, il recommence la main.

Il faut remarquer que s'il arrive que la carte de la réjouissance soit quadruple, cette chance ne va pas et chacun retire l'argent qu'il y a mis.

Il faut encore remarquer que quand la carte d'un coupeur vient à être prise, il doit payer le fonds du jeu à chacun des autres coupeurs qui ont une carte devant eux ; c'est ce qu'on appelle *arroser*; mais, dans ce cas, le perdant ne paie pas plus aux cartes doubles ou triples qu'aux cartes simples.

Toutes les fois que le coupeur qui a la main amène une carte semblable à quelqu'une de celles qu'il a déjà tirées, il gagne ce qu'on a joué sur la carte tirée la première. Mais, si avant d'amener des cartes semblables à celles qu'il a déjà tirées il amène la sienne, il perd tout ce que les pontes ont mis sur les différentes cartes qu'on a pu tirer jusqu'alors.

Supposons par exemple que la carte de coupeur soit un as, et qu'il y ait d'ailleurs sur le tapis un six, un sept, un valet, etc., chargés de l'argent des pontes : si quelqu'une de ces dernières cartes arrive avant l'as, le coupeur gagne ce qu'on y a mis ; mais si l'as est amené auparavant, le banquier est obligé de doubler au profit des pontes, l'argent qui se trouve sur ces mêmes cartes.

On conçoit par ce qu'il vient d'être dit, que la partie ne finit que quand le coupeur a retourné une carte semblable à la sienne. Par conséquent, s'il arrivait que dans le cours de la partie, il retournât les douze cartes qui diffèrent de la sienne et qu'ensuite il retournât encore douze autres cartes semblables à celles-là, il ferait ce qu'on appelle *main-pleine* ou *opéra*, car il gagnerait tout ce que les pontes auraient joué dans cette partie; mais, si après avoir retourné les douze cartes qui diffèrent de la sienne il en retournait une semblable à cette dernière, il serait tenu de doubler au profit des pontes tout ce qu'ils auraient joué sur ces douzes cartes et il éprouverait ce qu'on appelle un *coupe-gorge*.

Si la carte du coupeur se trouve double, c'est-à-dire, si ce sont deux valets, deux sept, deux cinq, etc., il ne va en ce cas que la *réjouissance*, et le *fonds du jeu* qui se trouve sur les cartes droites : il faut, pour que les pontes puissent en pareille circonstance jouer sans désavantage, qu'il y ait sur le tapis d'autres cartes doubles que celles du coupeur; autrement il y aurait de l'inégalité dans les risques, puisqu'il serait probable que, n'y ayant plus dans le jeu que deux cartes semblables à celles du coupeur, elles viendraient plus tard que celles qui seraient encore au nombre de trois.

Il peut encore arriver que la carte du coupeur soit triple, c'est-à-dire qu'elle soit composée de trois cartes semblables comme trois dames, trois rois, etc., il ne va pareillement alors que la réjouissance et le fonds du jeu qui est sur les cartes droites : il faut en ce cas, avant que les pontes puissent jouer, qu'il soit venu d'autres cartes triples pour établir l'égalité des risques.

Comme il y a de l'avantage à tenir la main, le coupeur qui taille a le droit de la conserver chaque fois qu'il lui arrive de gagner les cartes droites des différents coupeurs, quand même il n'en gagnerait aucune autre.

Voici l'explication de quelques termes employés à ce jeu :

Cartes droites. Nous avons déjà dit que ce sont celles que le coupeur qui taille distribue à chacun des autres coupeurs, avant de tirer la sienne.

Carte du coupeur. C'est la carte que celui qui tient la main retourne et prend pour lui.

Coupeur. On désigne sous ce nom les joueurs qui taillent alternativement et qui jouent contre les pontes, qui, à proprement dire, ne sont que *parieurs*.

Joie ou réjouissance. C'est une chance à laquelle les pontes font la mise qu'ils jugent à propos, avant que la carte qui doit y être affectée, ait été retournée.

Tailler. C'est tenir la main et jouer seul contre les autres coupeurs et les pontes.

JEUX DIVERS.

LE LOTO.

Ce jeu est renfermé dans une boîte en carton qui contient tous les objets nécessaires pour le jouer.

1° Vingt-quatre cartons dont les revers de six sont bleus, six rouges, six jaunes et six verts. Le dessus est divisé dans le sens de leur largeur, en trois parties par des lignes transversales, formant avec d'autres lignes perpendiculaires vingt-sept carrés, dont quinze sont occupés par des numéros. Les douze carrés restants ne présentent qu'une teinte d'un vert uni;

2° Un sac de peau renfermant environ deux cents jetons rouges, de deux centimètres de diamètre;

3° Un autre sac plus grand, d'une peau solide, contenant les quatre-vingt-dix numéros de l'ancienne loterie. Ces numéros sont marqués sur des espèces de dés, ayant la forme d'une moitié de boule, c'est sur la partie plate de cette demi-sphère que sont tracés les numéros. Remarquons que pour ne pas confondre 9 avec 6 et 19 avec 61, ce qui pourrait fort bien arriver, tirant des numéros au hasard, on a tracé, sous ces quatre numéros, une petite barre indiquant le sens dans lequel on doit les lire;

4° Un petit panier rond et garni d'une faveur, servant à contenir les jetons qui doivent représenter les enjeux;

5° Une tablette arrondie en noyer, portée sur trois petits pieds. La surface de cette tablette présente un grand nombre d'enfoncements circulaires, propres à recevoir les dés à mesure qu'on les extrait du sac et à les présenter de façon à ce que les chiffres qu'ils portent soient facilement vus par tous les joueurs.

Il y a plusieurs manières de procéder à ce jeu.

On commence d'abord par convenir des enjeux et on les dépose dans le panier dont nous avons parlé ; c'est la *poule* que devra emporter le premier quine.

Première manière. On distribue les cartons de façon que chaque joueur en ait un nombre égal. L'un des joueurs prenant ensuite le sac aux dés, le secoue afin de les bien mêler; puis il en tire successivement un certain nombre qu'il nomme à mesure à haute voix. Les autres joueurs attentifs examinent s'ils ont ces numéros sur leurs cartons, et pour les reconnaître les couvrent avec les jetons rouges dont ils se sont pourvus d'avance.

Le tirage des dés cesse sitôt qu'un joueur annonce qu'il a un quine, c'est-à-dire cinq numéros de l'un de ces cartons qui, se suivant sans interruption, occupent ainsi toute la largeur de ce carton.

L'heureux possesseur du quine s'empare aussitôt de la corbeille et une autre partie recommence. Quelquefois il se trouve simultanément deux quines sur la table, alors les deux gagnants se partagent le panier.

Une seconde manière de jouer le loto présente un peu plus de complication. Chacun prend deux tableaux seulement et l'on ne tire que quinze jetons. Les joueurs les ayant marqués à mesure sur leurs cartons, il en résulte des ambes, des ternes, des quaternes et peut-être un quine. Le bénéfice que doit rapporter chacune de ces chances étant fixé d'avance, le joueur qui fait les fonctions de banquier paye les gagnants, à moins qu'il n'ait obtenu lui-même une chance plus favorable, par exemple, s'il a un quine, ce qui est très-rare, il s'emparera de la corbeille et ne paiera personne, à moins qu'il n'y ait un autre quine, ce qui n'est pas à présumer; s'il a un quaterne, il ne paiera ni les ternes ni les ambes, et un terne, il ne paiera pas les ambes.

Il est encore une troisième manière de jouer, mais qui n'est qu'un jeu d'enfants. On continue à tirer des dés jusqu'à ce que l'un des cartons soit entièrement garni, c'est-à-dire, tous les numéros qu'il contient, couverts par des jetons et le possesseur de ce carton gagne la poule.

LES ÉCHECS.

Le jeu d'Échecs que beaucoup de monde connaît et que peu de personnes jouent comme il doit être joué, est de tous les jeux le plus beau par l'intérêt qu'on y prend et le plus savant par les combinaisons qu'il fait naître, enfin, le plus noble par son ancienneté.

Charlemagne se délassait par ce simulacre de la guerre, au milieu des champs de batailles. Son échiquier et ses échecs du trésor de Saint-Denis ont passé à la bibliothèque impériale. Celui de saint Louis, qui lui fut donné par le Vieux de la Montagne, se voit au musée de l'hôtel de Cluny, à Paris.

Sissa, Sessa ou Shehsa, philosophe indien, qu'on croit avoir vécu au VIIe siècle, a passé pour être l'inventeur du jeu des Échecs. Voici ce qu'on raconte à ce sujet :

Un roi de Perse nommé Ardschir, imagina le jeu de trictrac et s'en glorifiait. Scheram, roi des Indes, fut jaloux de cette gloire : il chercha quelque invention qui pût équivaloir à celle-là. Pour complaire au roi, tous les savants du pays s'étudièrent à chercher quelque nouveau jeu. *Sessa*, l'un d'eux, fut assez heureux pour inventer le jeu des Échecs; il présenta cette invention à Scheram qui lui laissa le choix de la récompense promettant de l'accorder quelle qu'elle fût.

Le philosophe indien ne demanda que le nombre de grains de blés que produirait le nombre des cases de l'échiquier, en suivant une progression doublante; c'est-à-dire, un seul pour la première case, deux pour la seconde, quatre pour la troisième, huit pour la quatrième, seize pour la cinquième : ainsi de suite, toujours doublant progressivement jusqu'à la soixante-quatrième case. Le monarque inexpérimenté fut choqué, et méprisa une demande qui semblait si peu digne de sa munificence : le philosophe insista, et le roi accorda sur le champ à Sissa l'objet de sa demande en riant de sa modicité apparente. Quand les trésoriers eurent calculé, ils virent que ses états ne suffiraient pas pour fournir une si énorme quantité de blé; en effet, ils trouvèrent que la somme de ces grains de blé devait s'évaluer à peu près de cette manière : 16,384 villes, dont chacune contiendrait 1,024 greniers, dans chacun desquels il y aurait 174,762 mesures, et dans chaque mesure 32,768 grains, en totalité 87,076,425,546,692,656 grains, nombre cent trente mille fois plus grand que celui que la France pourrait produire.

NOMS DES PIÈCES ET LEUR MARCHE.

Il y a au jeu des Échecs seize pièces blanches d'un côté, et seize pièces noires de l'autre. Ces seize pièces sont : le roi, la reine, deux tours, deux cavaliers, deux fous, huit pions. Les pièces se placent de la manière suivante :

Une tour à chaque angle de l'échiquier, à côté de chaque tour un cavalier, près de ces cavaliers on met les fous. Les deux cases qui restent sont pour le roi et la reine. La reine occupe la case de sa couleur, le roi se met à côté d'elle. Il faut remarquer que chaque pièce se trouve vis-à-vis de la même pièce du jeu de l'adversaire. Les huit pions se placent sur la seconde ligne, chacun devant une pièce dont il emprunte le nom. La position de ces pièces et des pions sur l'échiquier est indiquée sur la planche deux où l'on a figuré la forme des pièces et des pions.

Marche. *Le Pion.* Le pion marche perpendiculairement et ne fait qu'un pas à la fois; cependant au premier coup qu'il joue, il a la liberté d'en faire deux. Jamais il ne peut aller en arrière; mais, pour prendre une pièce ou un autre pion, il va de biais, à droite ou à gauche.

Le Cavalier. La marche du cavalier consiste à enjamber sur le côté, passant du noir au blanc et du blanc au noir, soit à droite, soit à gauche, en avant ou en arrière, mais jamais horizontalement ou perpendiculairement.

Le Fou. Sa marche est toujours diagonale, sans jamais changer de couleur de case. Chaque joueur a donc un fou pour le blanc et un fou pour le noir. Ils peuvent aller à droite et à gauche, et reculer de même tant qu'ils trouvent du vide.

La tour. Elle va toujours horizontalement ou perpendiculairement.

La dame. Cette pièce réunit la marche du fou et celle de la tour.

Le Roi. Est la première et la principale

pièce du jeu. Il ne fait jamais qu'un pas à la fois, mais il a la liberté d'aller dans tous les sens.

Toutes les pièces, à l'exception du pion, prennent en suivant la direction dans laquelle elles marchent. La manière de prendre est d'enlever la pièce prise, et de mettre à sa place celle qui prend. On n'est jamais forcé de prendre, excepté lorsque le roi, étant seul, se trouve dans une position à ne pouvoir plus jouer. La partie finit quand un des deux rois est mat; c'est-à-dire qu'il ne peut plus se défendre contre l'échec qu'il reçoit.

Observations générales sur le jeu d'Échecs.

La partie des Échecs est composée de cinq temps : le *premier temps* est le début ou commencement de partie ; le *second temps* est marqué par la sortie des grandes pièces : ce sont les premiers développements du jeu ; le *troisième temps* est celui pendant lequel se forment les manœuvres et les plans d'attaque; le *quatrième temps* est employé à l'attaque et la défense; le *cinquième temps* est la fin de la partie, le *mat*, le *pat* ou la remise.

Si vous voulez parvenir à une certaine force au jeu des Échecs, exercez-vous selon la méthode que je vais indiquer.

Commencez par faire parcourir l'échiquier par chacune des grandes pièces séparément d'après leur marche respective : 1° le Roi; 2° la Tour; 3° Les Fous, qui manœuvreront les premiers; ensuite la Reine dont la marche correspond à ces pièces. Vous ferez mouvoir également les pions afin de dégager les pièces, et vous n'oublierez pas qu'en quittant leur ligne de bataille les pions peuvent faire deux pas, mais pour cette fois seulement.

Alors, vous ferez manœuvrer une pièce contre une autre, la reine contre la tour; deux pièces attaqueront deux pièces, le roi et une tour contre la reine et un fou, substituant toujours les pièces les unes aux autres jusqu'à ce que vous vous soyiez parfaitement familiarisé avec la marche de chaque pièce et avec les ressources qu'elle présente pour l'attaque et pour la défense.

Quant à la pratique relative à la manière de jouer les Échecs, il est impossible d'en donner ici le développement parce que les joueurs se conduisent d'après leur caprice, tantôt d'une manière, tantôt d'une autre, selon les desseins qu'ils forment, qu'ils méditent et les occasions qui se présentent.

Il serait donc impossible de décrire et de déterminer le nombre de coups, de marches et contre-marches que peuvent exécuter les Échecs sur les soixante-quatre cases.

> Combien de fois sur un petit espace,
> Votre bataille aura changé de face!
> Qui nombrerait tous les rapports divers,
> Tous les aspects des pièces contrastées,
> Pourrait compter les feuilles emportées
> Par l'aquilon, précurseur des hivers,
> Les fleurs des champs et le sable des mers.
>
> *Poëme de l'abbé* ROMAN, *sur les Échecs.*

Termes employés au jeu d'Échecs.

COUVRIR. Signifie ôter la direction d'une pièce de l'adversaire sur le roi, par une autre pièce.

DÉGAGER. Veut dire la manœuvre au moyen de laquelle on procure quelque direction à une de ses pièces.

ÉCHANGE. On appelle un échange avoir

gagné une pièce de son adversaire pour une qu'on lui abandonne.

Échec. Quand un pion ou une pièce attaque le roi, il y a échec; c'est un avertissement au roi adversaire de se défendre du mat, et le terme usité en cette circonstance est *Échec au roi*. Il y a trois espèces d'échecs : 1° *Échec à la découverte*. Il a lieu lorsqu'une pièce est masquée par une autre, et qu'en déplaçant cette dernière, la pièce démasquée fait échec. 2° *Échec double*. Il a lieu lorsque la pièce qu'on découvre et celle par laquelle elle était masquée font échec en même temps. 3° *Échec perpétuel*. C'est lorsque celui qui donne échec à l'autre, qui ne peut se couvrir qu'en changeant de place, continue à le tenir toujours en *échec;* alors la partie est remise.

Gambit. Mot dérivé de l'italien *Gambetto*, qui signifie croc-en-jambe. Il y a deux espèces de Gambit : celui du roi et celui de la dame. Pour jouer le gambit du roi, il faut que le joueur qui a le trait joue le pion du roi deux pas, l'adversaire en fait autant, alors le premier joueur donne le pion du fou du roi à prendre au pion du roi adversaire pour rien : voilà le gambit du roi. Pour celui de la reine, il faut jouer au premier coup le pion de la reine deux pas, ensuite livrer le pion du fou de la reine.

LIGNE OUVERTE. On appelle ainsi une ligne directe de l'échiquier sur laquelle il n'y a plus de pion.

MASQUER. Se dit quand on ôte la direction d'une pièce par une autre.

MAT. Le roi est *mat* lorsqu'il ne peut plus se défendre de l'échec qu'il a reçu. Celui qui fait mat gagne la partie.

MAT AVEUGLE. C'est celui qui se fait sans être annoncé.

MAT ÉTOUFFÉ. S'appelle ainsi quand le roi se trouve serré de si près par ses propres pièces, qu'elles l'empêchent de se soustraire à l'échec qu'on lui donne.

OPPOSITION. On appelle mettre le roi en opposition lorsqu'il se trouve dans une ligne perpendiculaire ou horizontale, relativement à l'autre roi, et qu'il n'en est séparé que par une case.

PASSER PRISE. C'est lorsque de sa première case un pion, qui, en s'avançant d'un pas seulement, aurait pu être pris par un autre de l'adversaire parvenu à la quatrième case, l'avance deux pas, l'adversaire toutefois ayant le choix de le laisser passer ou de le prendre en plaçant son pion à la case où il se serait avancé d'un pas.

PAT. Se dit quand le roi est dans l'impossibilité de bouger de la case où il est sans se mettre en échec, et qu'on n'a aucune autre pièce ni pion à jouer. Dans cette position la partie est nulle.

PION DOUBLÉ. Est celui qui, par quelque prise, vient de se placer sur une ligne directe d'un autre pion, soit devant, soit derrière. C'est ordinairement un désavantage; il existe néanmoins des cas où ces deux pions sont très-utiles.

PION ISOLÉ. Est celui qui reste seul sans être soutenu par aucun autre.

PION LIÉ. Est celui qui est soutenu immédiatement par un autre.

PION PASSÉ. On désigne par un *pion passé* un pion qui n'en a pas devant lui, ni dans les deux colonnes de sa droite et de sa gauche, de sorte qu'il faille par conséquent une pièce pour le prendre et l'empêcher d'aller à dame.

Pion a dame. Quand un pion arrive à la huitième case de l'échiquier, le joueur peut prendre à sa place la pièce qui lui convient pour remplacer l'une de celles qui lui manquent. Il est bon de faire attention, en portant le pion à dame, si l'on doit choisir toute autre pièce qu'une reine pour ne pas faire le roi pat.

Position. Il faut entendre par ce mot l'arrangement le plus avantageux des pions et des pièces.

Remise. Une partie est dite remise lorsque, par l'égalité des pièces ou par leur disposition, le mat est impossible.

Roquer. On appelle ainsi la manœuvre par laquelle on déplace le Roi de deux cases, soit du côté du Roi même ou de la Reine, en plaçant la tour à la case du fou du Roi, où à la case de la Reine du côté de celle-ci.

Trait. Le trait est le droit de jouer le premier.

RÈGLEMENT GÉNÉRAL DU JEU DES ÉCHECS.

Extrait du cahier du comité des Échecs au café la Régence à Paris, et du club des Échecs, de Londres, établis et présidés par Philidor.

ARTICLE PREMIER.

L'échiquier doit être placé de manière que la case angulaire à la droite de chaque joueur soit blanche.

Celui des joueurs qui s'apercevra du contraire avant que d'avoir joué son quatrième coup peut faire recommencer la partie; mais après le quatrième coup joué de part et d'autre, la partie doit se continuer.

II. On doit tirer au sort le droit de jouer le premier, c'est ce qu'on appelle le trait, avant que de commencer la première partie, ensuite chacun en jouit à son tour.

III. De droit, le gagnant a le trait, à moins qu'on ne convienne du contraire.

IV. Celui qui fait avantage d'un pion ou d'une pièce a le trait de droit, à moins qu'il n'en soit autrement convenu.

V. Une pièce posée ne peut plus se jouer ailleurs ni être reprise et l'on dit : pièce touchée, pièce jouée, pièce placée ne peut se retirer.

VI. Quand on a quitté sa pièce, on ne peut plus la reprendre pour la rejouer ; mais aussi longtemps que vous ne l'abandonnez pas des doigts, vous êtes le maître de la poster ailleurs.

VII. Une *partie à but* jouée avec un pion ou une pièce de moins, il sera au choix de l'adversaire de recommencer la partie ou de la continuer en remettant la pièce oubliée; mais si le quatrième coup est joué de part et d'autre, la partie doit se jouer sans replacer la pièce oubliée.

VIII. Si vous n'avez pas donné l'avantage convenu, d'un pion ou d'une pièce en commençant la partie, soit par oubli, ou autrement, vous n'êtes plus obligé de rendre le pion ou la pièce ; mais celui qui devait jouir de l'avantage ne perdra pas la partie ; le *pis aller* pour lui est la *partie remise*, il a le droit de la continuer telle qu'elle se trouve, ou de la faire recommencer.

IX. Si vous annoncez *l'échec au roi,* que vous ne le donniez point, et que votre adversaire ait la main sur son roi ou sur toute autre pièce pour parer l'*échec*, ensuite qu'il verrait que son roi n'est pas en *échec*, il est autorisé de rejouer aussi longtemps que vous n'aurez pas eu occasion de jouer votre coup suivant.

X. Si vous faites faire une fausse marche à un de vos pions ou pièces, votre adversaire a le choix de vous obliger à laisser la pièce où vous l'avez mise, ou de vous la faire poster ailleurs ; mais après un coup joué de l'adversaire, la position de la pièce subsistera comme si la fausse marche (non reclamée) eût été juste.

XI. Si votre roi est en échec, soit qu'on le lui ait donné, ou qu'il s'y soit mis lui-même depuis plusieurs coups sans en être averti, vous pouvez continuer à jouer, sans être obligé de le parer, comme si un tel échec n'existait pas ; mais si votre adversaire au coup suivant, disait, *échec au roi*, on regarderait votre dernier coup comme nul, et vous pareriez à l'échec.

XII. Si le roi est en échec depuis plusieurs coups sans qu'on s'en soit aperçu, et sans pouvoir vérifier les coups joués, celui dont le roi est en échec peut, dès qu'il s'en apercevra ou qu'il en sera averti, replacer la dernière pièce qu'il a jouée à sa place et défendre l'échec.

XIII. Si par méprise vous jouez la pièce de votre adversaire pour la vôtre, il a l'option ou de vous la faire prendre si elle est prenable ou de vous la faire remettre à sa place, ou enfin de vous la faire laisser où vous l'avez mise.

XIV. Si l'on touche une pièce qu'on ne peut déplacer sans que le roi soit mis en échec, il faut jouer le roi, et si le roi ne peut le faire sans échec, le jeu restera comme il est et l'on jouera une autre pièce.

XV. Quand l'on a touché une pièce, on est obligé de la jouer, à moins de dire en la touchant le mot j'*adoube*.

XVI. L'on doit avertir de l'*échec au roi*.

XVII. Si vous jouez deux coups de suite, votre adversaire a le choix avant de jouer, de vous faire remettre votre second coup, ou de passer les deux coups joués.

En Allemagne on joue pour son premier coup deux pions, l'adversaire pour le sien joue également deux pions.

XVIII. Si une pièce se renverse ou se déplace, vous pouvez la relever ou la remettre à sa place, sans être obligé de la jouer pourvu que vous disiez le mot j'*adoube*.

XIX. Si vous avez touché une pièce sans pouvoir la jouer, sans vous mettre en échec, jouez votre roi ; s'il ne peut être déposté, la partie se continuera, et la faute sera sans conséquence.

XX. Si les pièces sont mal rangées, on pourra avant le quatrième coup joué, faire rectifier cette irrégularité ; mais le quatrième coup passé de part et d'autre, on doit continuer la partie dans la position où les pièces se trouvent.

XXI. Si vous prenez une pièce ennemie avec une des vôtres qui n'en a point le droit, vous pouvez la prendre avec une autre pièce si cela se peut, ou jouer la pièce touchée.

XXII. Si vous n'avez pas dit j'*adoube* en touchant une pièce de votre adversaire, il peut vous obliger à vous la faire laisser ou à vous la faire prendre ; si elle ne peut être prise, à vous faire déplacer votre roi ; s'il ne peut être joué, la partie se continuera sans conséquence.

XXIII. Si vous prenez votre propre pièce avec une des vôtres, l'adversaire peut vous faire jouer celles des deux pièces touchées qu'il jugera à propos.

XXIV. Si vous avez joué votre coup, ou votre ennemi le sien, il ne sera plus temps d'y revenir.

XXV. Chaque pion a le privilége d'avancer deux pas la première fois qu'on l'a fait marcher; mais si alors il peut être pris en passant par un pion ennemi qui serait à portée de le prendre, il sera bien pris, et le pion ennemi se placera à la case où le premier pion devait se poster pour ne pas être enlevé; c'est ce qu'on nomme *passer prise*.

XXVI. Si l'on touche le roi ou la tour pour roquer, et que l'on ne roque pas, l'adversaire a le choix de faire jouer le roi ou la tour; alors, dans la suite, le roi ne pourra plus roquer.

XXVII. Lorsqu'on n'a aucune pièce à faire mouvoir, et que le roi ne peut se bouger sans se mettre en échec, la partie est *pat*.

En Angleterre, le joueur dont le roi est *pat* gagne la partie.

En France, en Allemagne et ailleurs, le *pat* est un refait.

XXVIII. Si le roi est pat, c'est un refait; la partie est remise.

XXIX. Tout coup contesté doit être décidé suivant les règles ci-dessus; ou dans le cas de contestation, jugé par les spectateurs, auxquels les joueurs sont tenus de s'en rapporter.

XXX. Les joueurs d'échecs de bonne foi ne doivent souffrir sur l'échiquier que :
1° Deux rois;
2° Deux dames ou reines;
3° Quatre tours;
4° Quatre cavaliers;
5° Quatre fous.

Et point trois à quatre dames, cinq à six tours, autant de cavaliers et de fous.

XXXI. Avant de jouer la première pièce, on tirera au sort pour savoir lequel des deux joueurs commencera : c'est ce que l'on nomme le *trait;* le plus jeune des deux champions prendra dans chaque main un pion de couleur différente, présentera les deux mains fermées à son adversaire, qui touchera une des deux; si la couleur sort de la main indiquée, son pion a de droit le *trait.*

Une excellente manière de familiariser un commençant avec la marche du jeu des échecs, est de lui donner, comme nous le faisons ci-après, des exemples de parties dont il suivra la marche sur l'échiquier, en faisant manœuvrer les pions suivant les indications que donne le célèbre Philidor, auteur de ces parties.

En exécutant fidèlement toutes les indications qu'il donne d'abord seul, la main droite jouant contre la main gauche; puis à deux, associant à ces exercices une personne désireuse de connaître le jeu d'échecs. On sera tout étonné, au bout de cette étude pratique aussi facile que peu fatigante, de connaître parfaitement la marche des pièces et de posséder suffisamment les éléments du jeu, pour jouer, sans trop de désavantage, avec des joueurs de cinquième force.

LES ÉCHECS.

Première partie donnée par Philidor.

Nota. *Les numéros indiquent l'ordre successif des coupes* (1).

1

Blanc. Le pion du roi, deux pas (2).
Noir. De même.

2

Blanc. Le fou du roi, à la quatrième case du fou de la dame.
Noir. De même.

3

Blanc. Le pion du fou de la dame, un pas.
Noir. Le cavalier du roi à la quatrième case de son fou.

4

Blanc. Le pion de la dame, deux pas.
Noir. Le pion le prend.

5

Blanc. Le pion reprend le pion.
Noir. Le fou du roi, à la quatrième case du cavalier de sa dame.

---

(1) Voyez la planche 2, elle indique la place qu'occupent les pièces et les pions au commencement de la partie et avant qu'on les ait fait marcher.

(2) On a vu plus haut qu'en commençant les pions ont le droit de faire deux pas.

6

Blanc. Le cavalier de la dame, à la troisième case de son fou.

Noir. Le roi roque. (Voyez Roquer, au *Vocabulaire des termes employés aux échecs.*)

7

Blanc. Le cavalier du roi, à la seconde case de son roi.

Noir. Le pion du fou de la dame, un pas.

8

Blanc. Le fou du roi, à la troisième case de sa dame.

Noir. Le pion de la dame, deux pas.

9

Blanc. Le pion du roi, un pas.

Noir. Le cavalier du roi, à la case de son roi.

10

Blanc. Le fou de la dame, à la troisième case du roi.

Noir. Le pion du fou du roi, un pas.

11

Blanc. La dame, à sa seconde case.

Noir. Le pion du fou du roi prend le pion (1).

---

(1) Ce pion n'étant pas désigné autrement, on comprend que c'est un pion qui se trouve en prise et par cela même fort reconnaissable.

12

Blanc. Le pion de la dame le reprend.
Noir. Le fou du roi prend le fou de la dame blanche.

13

Blanc. La dame reprend le fou.
Noir. Le fou de la dame, à la troisième case de son fou.

14

Blanc. Le cavalier du roi, à la quatrième case du fou de son roi.
Noir. La dame, à la seconde case de son roi.

15

Blanc. Le cavalier prend le fou.
Noir. La dame prend le cavalier.

16

Blanc. Le roi roque du côté de sa tour.
Noir. Le cavalier de la dame, à la seconde case de sa dame.

17

Blanc. Le pion du fou du roi, deux pas.
Noir. Le pion du cavalier du roi, un pas.

18

Blanc. Le pion de la tour du roi, un pas.
Noir. Le cavalier du roi, à la seconde case.

19

Blanc. Le pion du cavalier du roi, deux pas.
Noir. Le pion du fou de la dame, un pas.

20

Blanc. Le cavalier, à la seconde case de son roi.
Noir. Le pion de la dame, un pas.

21

Blanc. La dame, à sa seconde case.
Noir. Le cavalier de la dame, à sa troisième case.

22

Blanc. Le cavalier, à la troisième case du cavalier de son roi.
Noir. Le cavalier de la dame, à la quatrième case de sa dame.

23

Blanc. La tour de la dame, à la case de son roi.
Noir. Le cavalier de la dame, à la troisième case du roi blanc.

24

Blanc. La tour prend le cavalier.
Noir. Le pion reprend la tour.

25

Blanc. La dame reprend le pion.
Noir. La dame prend le pion de la tour de la dame blanche.

26

Blanc. Le pion du fou du roi, un pas.
Noir. La dame prend le pion.

27

Blanc. Le pion du fou du roi, un pas.
Noir. Le cavalier, à la case de son roi.

28

Blanc. Le pion du cavalier du roi, un pas.
Noir. La dame, à la quatrième case de la dame blanche.

29

Blanc. La dame prend la dame.
Noir. Le pion reprend la dame.

30

Blanc. Le pion du roi, un pas.
Noir. Le cavalier, à la troisième case de sa dame.

31

Blanc. Le cavalier, à la quatrième case de son roi.
Noir. Le cavalier, à la quatrième case du fou de son roi.

32

Blanc. La tour prend le cavalier.
Noir. Le pion reprend la tour.

33

Blanc. Le cavalier, à la troisième case de la dame noire.
Noir. Le pion du fou du roi, un pas (ou toute autre chose, la perte étant inévitable).

34
Blanc. Le pion du roi, un pas.
Noir. La tour, à la case du cavalier de la dame.

35
Blanc. Le fou donne échec.
Noir. Le roi se retire, n'ayant qu'un seul endroit.

36
Blanc. Le cavalier donne échec.
Noir. Le roi se retire où il peut.

37
Blanc. Le cavalier, à la case de la dame noire, donnant échec à la découverte.
Noir. Le roi, où il peut.

38
Blanc. Pousse le pion du roi à dame, et donne échec et mat.

Sceonde partie de Philidor.

1
Blanc. Le pion du roi, deux pas.
Noir. De même.

2
Blanc. Le fou du roi à la quatrième case du fou de sa dame.
Noir. Le pion du fou de la dame, un pas.

3

Blanc. Le pion de la dame, deux pas.
Noir. Le pion prend le pion.

4

Blanc. La dame reprend le pion.
Noir. Le pion de la dame, un pas.

5

Blanc. Le pion du fou du roi, deux pas.
Noir. Le fou de la dame, à la troisième case du fou du roi.

6

Blanc. Le fou du roi à la troisième case de sa dame.
Noir. Le pion de la dame, un pas.

7

Blanc. Le pion du roi, un pas.
Noir. Le pion du fou de la dame, un pas.

8

Blanc. La dame, à la seconde case du fou de son roi.
Noir. Le cavalier de la dame, à la troisième case du fou de sa dame.

9

Blanc. Le pion du fou de la dame, un pas.
Noir. Le pion du cavalier du roi, un pas.

10

Blanc. Le pion de la tour du roi, un pas.
Noir. Le pion de la tour du roi, deux pas.

11

Blanc. Le pion du cavalier du roi, un pas.
Noir. Le cavalier du roi, à la troisième case de sa tour.

12

Blanc. Le cavalier du roi, à la troisième case de son fou.
Noir. Le fou du roi, à la seconde case de son roi.

13

Blanc. Le pion de la tour de la dame, deux pas.
Noir. Le cavalier du roi, à la quatrième case de son fou.

14

Blanc. Le roi, à la case de son fou.
Noir. Le pion de la tour du roi, un pas.

15

Blanc. Le pion du cavalier du roi, un pas.
Noir. Le cavalier donne échec au roi et à la tour.

16

Blanc. Le roi, à la seconde case de son cavalier.
Noir. Le cavalier prend la tour.

17

Blanc. Le roi prend le cavalier.
Noir. La dame, à la seconde case.

18

Blanc. La dame, à la case du cavalier de son roi.

Noir. Le pion de la tour de la dame, deux pas.

19

Blanc. Le fou de la dame, à la troisième case de son roi.

Noir. Le pion du cavalier de la dame, un pas.

20

Blanc. Le cavalier de la dame, à la troisième case de sa tour.

Noir. Le roi roque, du côté de sa dame.

21

Blanc. Le fou du roi donne échec.

Noir. Le roi, à la seconde case du fou de sa dame.

22

Blanc. Le cavalier de la dame, à la seconde case de son fou.

Noir. La tour de la dame, à sa case.

23

Blanc. Le fou du roi, à la quatrième case du cavalier de la dame noire.

Noir. La dame à sa case.

24

Blanc. Le pion du cavalier de la dame, deux pas.

Noir. La dame, à la case du fou de son roi.

25

Blanc. Le pion du cavalier de la dame prend le pion du fou de la dame noire.

Noir. Le pion du cavalier de la dame reprend le pion.

26

Blanc. Le cavalier du roi, à la seconde case de sa dame.

Noir. Le pion du fou du roi, un pas.

27

Blanc. Le cavalier du roi, à la troisième case du cavalier de sa dame.

Noir. Le pion du fou de la dame, un pas.

28

Blanc. Le fou de la dame donne échec.

Noir. Le roi, à la seconde case du cavalier de sa dame.

29

Blanc. Le cavalier du roi donne échec à la quatrième case du fou de la dame noire.

Noir. Le fou du roi prend le cavalier.

30

Blanc. Le fou de la dame prend le fou.

Noir. La dame, à la case de son fou.

31

Blanc. La tour, à la case du cavalier de sa dame.

Noir. Le roi, à la seconde case du fou de sa dame.

32

Blanc. Le fou de la dame donne échec à la troisième case de la dame noire.

Noir. Le roi, à la case de sa dame.

33

Blanc. La dame donne échec à la troisième case du cavalier de la dame noire.

Noir. Le roi, à sa case, ou à l'autre, perd la partie.

Troisième partie de Philidor.

1

Noir. Le pion du roi, deux pas.
Blanc. De même.

2

Noir. Le cavalier du roi, à la troisième case de son fou.

Blanc. Le pion de la dame, un pas.

3

Noir. Le fou du roi, à la quatrième case du fou de sa dame.

Blanc. Le pion du fou du roi, deux pas.

4

Noir. Le pion de la dame, un pas.
Blanc. Le pion du fou de la dame, un pas.

5

Noir. Le pion du roi prend le pion.
Blanc. Le pion de la dame reprend le pion.

6

Noir. Le fou de la dame, à la quatrième case du cavalier du roi blanc.
Blanc. Le cavalier du roi, à la troisième case de son fou.

7

Noir. Le cavalier de la dame, à la seconde case de sa dame.
Blanc. Le pion de la dame, un pas.

8

Noir. Le fou se retire.
Blanc. Le fou du roi, à la troisième case de sa dame.

9

Noir. La dame, à la seconde case de son roi.
Blanc. De même.

10

Noir. Le roi roque, du côté de sa tour.
Blanc. Le cavalier de la dame, à la seconde case de sa dame.

11
Noir. Le cavalier du roi, à la quatrième case de sa tour.
Blanc. La dame, à la troisième case de son roi.

12
Noir. Le cavalier du roi prend le fou.
Blanc. La dame reprend le cavalier.

13
Noir. Le fou de la dame prend le cavalier.
Blanc. Le pion reprend le fou.

14
Noir. Le pion du fou du roi, deux pas.
Blanc. La dame, à la troisième case du cavalier de son roi.

15
Noir. Le pion prend le pion.
Blanc. Le pion du fou le reprend.

16
Noir. La tour du roi, à la troisième case du fou de son roi.
Blanc. Le pion de la tour du roi, deux pas.

17
Noir. La tour de la dame, à la case du fou de son roi.
Blanc. Le roi roque, du côté de sa dame.

18
Noir. Le pion du fou de la dame, deux pas.
Blanc. Le pion du roi, un pas.

19

Noir. Le pion de la dame prend le pion.

Blanc. Le pion de la dame, un pas.

20

Noir. Le fou, à la seconde case du fou de sa dame.

Blanc. Le cavalier, à la quatrième case de son roi.

21

Noir. La tour du roi, à la troisième case du fou du roi blanc.

Blanc. La dame, à la seconde case de son cavalier.

22

Noir. La dame, à la seconde case du fou de son roi.

Blanc. Le cavalier, à la quatrième case du cavalier du roi noir.

23

Noir. La dame donne échec.

Blanc. Le roi, à la case du cavalier de sa dame.

24

Noir. La tour prend le fou.

Blanc. La tour reprend la tour.

25

Noir. La dame, à la quatrième case du fou de son roi.

Blanc. La dame, à la quatrième case de son roi.

26

Noir. La dame prend la dame.
Blanc. Le cavalier reprend la dame.

27

Noir. La tour, à la quatrième case du fou du roi blanc.
Blanc. Le cavalier, à la quatrième case du cavalier du roi noir.

28

Noir. Le pion du fou de la dame, un pas.
Blanc. La tour de la dame, à la troisième case du cavalier de son roi.

29

Noir. Le cavalier, à la quatrième case du fou de sa dame.
Blanc. Le cavalier, à la troisième case du roi noir.

30

Noir. Le cavalier prend le cavalier.
Blanc. Le pion reprend le cavalier.

31

Noir. La tour, à la troisième case du fou de son roi.
Blanc. La tour du roi, à la case de sa dame.

32

Noir. La tour prend le pion.

Blanc. La tour du roi, à la seconde case de la dame noire, et gagne la partie.

JEU DE DAMES.

C'est un jeu auquel on joue sur un tablier divisé en plusieurs cases, en se servant de dames, c'est-à-dire de petites pièces de bois, plates et rondes, les unes noires et les autres blanches.

On distingue deux sortes de jeux de dames, l'un se nomme *dames à la française*, et l'autre *dames à la polonaise*.

Le premier est beaucoup moins étendu et moins varié que le second, aussi est-il généralement abandonné pour les dames polonaise. Le tablier de celui-ci est divisé en cent cases, tandis que celui des dames à la française n'en compte que soixante-quatre, et n'est employé aujourd'hui qu'au jeu d'échec.

Nous ne nous occuperons donc que des dames polonaises.

Ce jeu a lieu entre deux joueurs, l'un a vingt pions ou dames noires et l'autre autant de pions blancs.

On peut indifféremment placer les pions sur les cases blanches ou sur les cases noires ; cependant, l'usage le plus général en France, est de les placer sur les cases blanches.

Le damier doit être placé de manière que chaque joueur ait à sa gauche le commencement de la grande ligne de cases blanches qui traverse obliquement l'échiquier d'angle en angle.

Les dames étant mises en place, il règne entre les pions blancs et les pions noirs, deux rangs de cases vides sur lesquelles se jouent les premiers pions.

Voici les règles de ce jeu :

1° Lorsque les joueurs ne sont pas de force égale, il est d'usage que le plus fort fasse remise à son adversaire d'un certain nombre de pions afin de rendre la partie plus égale. Celui qui accorde l'avantage a le droit de choisir les pions qu'il remet.

2° Quand les joueurs sont de force égale, on doit faire indiquer par le sort celui qui jouera le premier ; mais lorsqu'un joueur reçoit avantage, il est d'usage qu'il joue le premier.

3° La marche du pion se fait toujours en avant à droite ou à gauche, du blanc sur le blanc, et ne faisant qu'un pas à la fois ; mais quand il a à prendre il fait deux, trois, quatre pas et même davantage, tant qu'il a à prendre, et il peut alors marcher en arrière.

4° Aussitôt qu'on a touché un pion on est obligé de le jouer quand aucun obstacle ne s'y oppose ; c'est pour cela qu'est établie la maxime : *Dame touchée, dame jouée.*

5° Un pion est censé touché, dès qu'on a mis le doigt dessus ; au reste, on est maître de jouer où l'on veut le pion qu'on a touché tant qu'on ne l'a pas quitté.

6° Si l'on veut toucher un ou plusieurs pions pour les arranger, on doit dire auparavant : *j'adoube*; sans cela on peut être forcé par l'adversaire à jouer celui des pions touchés qu'il jugera à propos, pourvu qu'aucun obstacle n'empêche de le jouer.

7° Lorsqu'un pion a devant lui un autre pion de la valeur qui lui est opposée et que derrière celui-ci se trouve une case blanche vide, le premier pion passe par-dessus le second, l'enlève et se place à la case vide.

8° S'il y a plusieurs pions de l'adversaire derrière chacun desquels il se trouve une case blanche vide, le pion qui prend continue de passer par-dessus, se place à la dernière case vide et enlève tous les pions par-dessus lesquels il a passé.

9° Il faut remarquer que lorsqu'il y a plusieurs pions à prendre ; on ne doit en enlever aucun avant que celui qui prend ne soit posé sur la case où il faut qu'il s'arrête.

10° Le pion ou la dame qui prend, non-seulement ne peut pas repasser, et doit au contraire s'arrêter sur la case où il a déjà passé et sur laquelle il y a soit un pion soit une *dame* qui fait partie de ceux qu'on doit enlever, si ce pion ou cette dame en a une autre par derrière, quand bien même il y aurait, en outre, un ou plusieurs pions ou dames à prendre ; mais encore, le pion ou la dame placée derrière le pion ou la *dame* qui doit prendre, a droit de s'emparer de ce pion ou de cette *dame*, s'il y a au-devant une case vide.

L'exemple suivant va rendre cette règle plus claire. (Voyez la planche III.)

Le joueur aux pions blancs, que nous

avons désigné par la lettre A, a un pion sur chacune des cases 11, 16, 17, 18, 21, 26, 29 et 31.

L'adversaire indiqué par la lettre B a un pion noir sur chacune des cases 33, 44 et une dame sur la case 40.

La dame noire de la case 40, qui en a quatre à prendre (1), est obligée de se placer sur la case 22, parce qu'elle est arrêtée par le pion de la case 16, qu'elle ne peut pas enlever ; en sorte que le pion blanc de la case 16, qui se trouve derrière cette même dame noire de la case 22, la prend ainsi que eux autres pions et va à dame à la case 49.

11°. Quand il y a plusieurs pions à prendre et qu'en les enlevant on en laisse par mégarde un ou plusieurs sur le damier l'adversaire a le droit de souffler (2), s'il le juge à propos, le pion avec lequel on a pris ; au reste, on est maître de souffler ou de ne pas souffler. Lorsqu'on ne veut pas souffler, on

---

(1) Pour prendre ces trois pions, la dame noire décrit un circuit en passant sur les cases 35, 29, 24, 18, 13, 17, et va se faire prendre à la case 22 par le pion de la case 16, equel va à dame par les cases 27, 33, 38, 44 et 49.

(2) C'est-à-dire, confisquer.

oblige l'adversaire de prendre, et celui-ci ne peut pas s'y refuser.

12° Si celui qui est en droit de souffler a levé ou touché le pion à souffler, il n'est plus maître de faire prendre, il faut qu'il souffle. Cette règle est analogue à celle du 4ᵉ paragraphe.

13° Quand on refuse de prendre on perd la partie. Cette règle est fondée sur ce que refuser de prendre c'est refuser de jouer. De là *qui quitte la partie la perd.*

14° Lorsqu'un joueur lève ou touche par erreur un autre pion que celui qui doit prendre du bon côté, l'autre joueur peut, tout à la fois, souffler le pion qui devait prendre régulièrement, et obliger son adversaire à jouer celui qu'il a touché.

15° Aussitôt qu'on a joué on ne peut plus souffler, si le joueur qui n'a pas pris d'abord prend le coup suivant ou si le pion qui devait prendre a changé de position; mais si les choses restent dans le même état, le joueur qui a négligé de souffler, peut y revenir ou faire prendre, même après plusieurs coups, soit qu'il ait d'abord aperçu ou non la faute de son adversaire.

16° Un coup est censé joué, lorsqu'on a placé ou quitté le pion.

17° On est dans le cas d'être soufflé, quand au lieu de prendre le plus ou le plus fort, on prend le moins ou le plus faible.

18° On a à prendre le plus, quand il n'y a d'un côté à prendre qu'un ou deux pions, tandis que d'un autre côté on peut en prendre davantage.

19° On a à prendre le plus fort, quand, à nombre égal, il y a des pions d'une part, et des dames d'autre part, ou une dame et des pions. On conçoit qu'en pareil cas on doit prendre du côté des dames ou de la dame, attendu qu'une dame vaut mieux qu'un pion.

20° Observez que quand il y a d'une part trois pions à prendre et d'autre part un pion et une dame ou même deux dames, il faut, pour éviter d'être soufflé, prendre les trois pions, attendu qu'ils l'emportent en nombre sur le reste.

21° Quand un pion est arrivé sur l'une des cases où il doit être damé, on le couvre d'un autre pion de même couleur, et il prend alors le nom de *dame*.

22° Les pions blancs se dament sur les

cases 1, 2, 3, 4, 5 et les pions noirs sur les cases 46, 47, 48, 49 et 50.

23° Remarquez qu'il ne suffit pas qu'un pion passe sur l'une des cases dont on vient de parler pour être damé; il faut qu'il y reste placé par un coup qui s'y termine : c'est pourquoi, si un pion arrivé sur l'une de ces cases avait encore à prendre, il faudrait qu'il continuât son chemin et qu'il restât pion.

24° Une dame diffère d'un pion par la marche et par la manière de prendre :

Elle en diffère par la marche, en ce que comme on l'a déjà dit, le pion ne fait qu'un pas en avant, à moins qu'il ne prenne, et il ne prend que de case en case, au lieu que la dame peut aller d'une extrémité du damier à l'autre si le passage est libre, c'est-à-dire, si dans cet espace il ne se trouve aucun pion de la couleur de cette dame ou des pions de la couleur opposée qui ne soient pas en prise.

La *dame* diffère du pion par la manière de prendre, en ce qu'elle peut, lorsqu'elle a à prendre, traverser plusieurs cases à la fois, pourvu qu'elles soient vides ou qu'il s'y trouve des pions de la couleur opposée qui soient en prise, en sorte qu'elle peut tourner à droite, à gauche, et faire quelquefois le tour du damier.

25° Quand deux joueurs de *force égale* restent à la fin d'une partie, l'un avec trois *dames* et l'autre avec une seulement, mais sur la ligne du milieu, cette partie est nécessairement remise, et l'on doit en recommencer une autre. Si le joueur qui n'a qu'une seule dame est moins fort, il tombera dans les piéges que lui tendra son adversaire et perdra.

26° La dame unique n'ayant pas la ligne du milieu, il y a plusieurs coups pour gagner, mais comme ils ne sont pas forcés et qu'il faut que la partie ait une fin, il est de règle que le joueur de trois dames ne puisse obliger son adversaire à jouer plus de vingt coups, et celui-ci ne peut les refuser, quand même il ferait avantage à celui-là.

27° Lorsque celui qui a les trois dames fait avantage, il ne peut également exiger que vingt coups.

28° Mais si l'avantage que fait un joueur consiste dans la remise, on lui accorde vingt-cinq coups, après lesquels la partie est finie et perdue pour lui, si son adversaire a conservé sa dame jusqu'alors.

29° Un coup n'est complet que quand chaque joueur a joué une fois ; aussi lorsque celui qui a joué le premier joue pour la vingtième ou la vingt-cinquième fois, le vingtième ou le vingt-cinquième coup n'est achevé que quand celui qui a joué le dernier a aussi joué pour la vingtième ou la vingt-cinquième fois.

30° Quand un joueur fait une fausse marche, il dépend de son adversaire de faire rejouer en règle ou de laisser le pion ou la dame mal joués sur les cases où ils se trouvent.

31° Il n'y a aucune faute à jouer un pion qui ne peut pas être joué ; pour faire naître le droit de souffler, il faut qu'on ait touché des pions qui puissent être joués.

32° Une partie doit être jouée jusqu'à la fin, ou elle est perdue pour celui qui la quitte sans le consentement de son adversaire.

33° Soit qu'on joue de l'argent, soit qu'on n'en joue pas, il convient que les spectateurs gardent le silence et n'interrompent point les joueurs ; mais s'il arrive quelque contestation sur le coup, elle doit être jugée par ceux de ces spectateurs qui ne parient pas, et les joueurs sont tenus de se conformer à leur décision.

Explication de quelques termes consacrés au jeu de Dames.

Avoir le Coup. C'est quand le jeu d'un joueur est tellement disposé qu'il a toujours à jouer sans perte, et qu'au contraire son adversaire ne peut jouer sans perdre un ou plusieurs pions ou même la partie. Ainsi on *gagne le coup* quand, par un événement quelconque, comme en faisant un pour un, ou deux pour deux, ou même en perdant un pion, on se trouve dans le premier cas et son adversaire dans le second.

Le Tant pour Tant. C'est l'action de donner à prendre à son adversaire un ou plusieurs pions, une ou plusieurs dames, pour ensuite se trouver dans une position à lui prendre le même nombre de pièces qu'il a pris.

C'est pour le tant pour tant que les joueurs habiles dégagent un jeu embarrassé, ou évitent un coup dangereux qu'ils voient se dessiner sur le damier.

Le Coup de repos. C'est une position dans laquelle l'un des joueurs a plusieurs fois de suite à prendre, et l'autre, par conséquent, autant de coups à jouer librement. Tandis que le premier joueur fait des prises forcées, le second arrange ses pions de manière à faire un coup que son adversaire ne puisse empêcher. On appelle cela *Coup de repos*, par la raison que le pion du second joueur qui est derrière ceux de son adversaire, se repose en quelque sorte en attendant son tour de marcher pour le coup qu'on lui prépare.

La Lunette. Lorsque deux pions d'un même joueur sont placés de manière qu'il y a derrière chacun d'eux une case vide où l'adversaire peut se placer, cela s'appelle une *Lunette*. Quand on s'y place, il est nécessaire qu'un des deux pions soit pris, attendu qu'on ne peut pas les jouer ni les sauver tous les deux à la fois.

La lunette est quelquefois un piège que tend un joueur adroit. On doit donc, avant d'y entrer, bien examiner où cela peut conduire.

La Dame. Cette pièce est si importante, et a une si grande influence sur le dénouement de la partie, qu'à jeu égal et à force égale, on ne doit pas hésiter de sacrifier pour aller à dame, un ou deux pions et même trois ; surtout si on empêche son adversaire d'y aller.

Grande Ligne ou *ligne du milieu.* C'est celle qui s'étend de la case 5 à la case 46. Il est de la plus grande importance de l'occuper par une dame, lors d'une fin de partie.

Principes théoriques du jeu de Dames.

Après avoir donné les règles du jeu de Dames ; il n'est pas inutile de présenter quelques points de théorie, autour desquels doivent se rallier ceux qui aspirent à bien jouer aux *Dames.* Ainsi, lorsqu'un joueur est parvenu à connaître quelques-unes des finesses du jeu, il doit contracter l'habitude de ne jouer aucun coup sans se rendre compte des motifs par lesquels il s'est déterminé. Il faut surtout qu'il soit attentif à ne pas se laisser souffler, parce qu'une telle faute occasionne souvent la perte de la partie.

On doit régler la marche des pions de manière qu'ils ne soient ni trop serrés ni trop écartés. S'ils étaient trop serrés, on pourrait les enfermer ; et trop écartés, on les prendrait facilement. Lorsqu'un jeu est trop serré, on le dégage par des *tant* pour *tant* qu'on ne doit néanmoins faire qu'avec circonspection ; si, au contraire, le jeu est dispersé, il faut réunir ses pions, et porter ses forces du côté faible.

Quand un joueur a perdu un pion qu'il ne peut pas reprendre, il doit tâcher de gagner un poste, où, pour rétablir l'égalité, un pion puisse en tenir deux en respect.

Quand on voit un joueur dégarnir son jeu d'un côté, son adversaire doit y porter toutes ses forces, sans néanmoins affaiblir la partie contre laquelle ce joueur a formé un projet d'attaque.

Avant d'exécuter un coup quelconque, il est à propos d'en combiner chaque partie l'une après l'autre, et de ne commencer qu'après s'être bien assuré que le pion que prendra le dernier, ne sera pas pour l'adversaire le moyen de faire un coup lui-même: on ne doit jamais perdre de vue que le jeu du pion est le grand art du jeu de Dames, puisque c'est par là qu'on parvient à gagner le coup sur l'adversaire.

Au reste, ce n'est pas assez qu'un joueur combine savamment les coups qu'il se propose d'exécuter, il faut aussi qu'il s'occupe avec soin des pièges que son adversaire peut lui tendre. Aussitôt qu'un coup préparé est aperçu, ce doit être un coup manqué, parce qu'il y a toujours quelque moyen pour en détourner l'effet : ainsi, quand vous tendez un piège, et que la manière de jouer de votre adversaire vous indique qu'il connaît votre intention, il faut renoncer au succès sur lequel vous aviez cru pouvoir compter, et vous occuper d'un autre projet.

Il y a d'habiles joueurs qui croient qu'on doit moins ambitionner de faire des coups que de se donner la position : ceci désigne un jeu disposé de manière qu'il offre à son joueur divers moyens favorables pour gagner la partie, ou du moins, pour obtenir des avantages qui conduisent à ce but. Quoique vous et votre adversaire soyez égaux en force et en pions, cette égalité cessera quand vous aurez la position; en effet, elle vous mettra promptement en situation ou d'aller à dame sans obstacle, ou de faire quelqu'autre coup, ou de gagner des pions presque sans jouer, attendu que votre adversaire se trouvera forcé de les donner lui-même, à cause de l'embarras de son jeu et de la difficulté de continuer sa marche sans se faire un passage. Ajoutons que c'est par la position que vous réussirez plus facilement à faire des coups. Lorsqu'il vous arrive de faire une faute qui peut occasionner la perte d'un pion, et que vous remarquez que votre adversaire ne l'a point aperçue, vous devez tâcher de la réparer promptement; mais, si la manière de jouer de votre adversaire vous annonce qu'il a vu la faute et qu'il va en profiter, il faut alors abandonner le pion menacé; et, sans perdre de temps à le secourir inutilement, vous devez vous occuper de quelque coup qui puisse vous indemniser de la perte que vous aurez été obligé de faire.

Au commencement d'une partie, vous devez vous conduire relativement à l'habilité de l'adversaire ; s'il vous surpasse en force ou même s'il n'est que votre égal, il ne faut pas entasser vos pions les uns sur les autres, et il est à propos que vous fassiez avec circonspection quelque *tant* pour *tant*. Si, au contraire, vous êtes supérieur en force, vous éviterez de multiplier les *tant* pour *tant*; vous laisserez votre adversaire se serrer, et vous le serrerez vous-même, en observant d'avoir le coup sur lui : par là vous l'amènerez infailliblement à ne pouvoir plus jouer sans perdre un pion ou deux.

Quand une partie est sur sa fin, ou qu'il reste peu de pions sur le damier, vous devez prendre soin de rapprocher vos pions les uns des autres, afin qu'ils puissent se secourir mutuellement ; à ce moment, la moindre perte est difficile à réparer.

Lorsqu'en pareille circonstance, votre adversaire vous a enlevé un ou deux pions, vous devez vous appliquer à faire une dame, puisqu'il est possible d'obtenir la remise de la partie quand on a une dame contre trois.

Il n'est jamais indifférent pour des joueurs égaux en force, de perdre un pion, parce que cela fait pencher la balance en faveur de celui qui le gagne ; cependant, il y a plusieurs cas où la prudence exige qu'un joueur fasse le sacrifice, non-seulement d'un, mais même de plusieurs pions : ceci doit, par exemple, avoir lieu quand on ne peut éviter autrement un coup ruineux, ou d'être enfermé. En pareille circonstance, il reste la ressource des événements imprévus et des fautes de l'adversaire.

S'il arrive que votre adversaire s'empresse de s'emparer des coins du damier, placez-vous dans le milieu, et environnez-le de manière à lui boucher le passage et à l'enfermer. C'est, en général, une position fort douteuse que celle des coins, attendu qu'on n'a pas, comme dans le milieu, la facilité de jouer à droite et à gauche. Il n'est pas rare de voir cinq à six pions tellement emprisonnés dans les coins, qu'ils y restent jusqu'à la fin de la partie.

De la remise de la partie.

Nous avons parlé des cas de remise aux paragraphes 25 et suivants des règles du jeu. Cette remise paraît peu juste à bien des joueurs qui ne peuvent s'imaginer qu'avec trois dames on ne puisse pas gagner son adversaire qui n'en a qu'une ; mais comme l'expérience prouve cette vérité, qu'entre deux joueurs de force égale, les parties sont presque toutes remises. Nous développerons ici tous les incidens qui peuvent y avoir quelque rapport.

Nous avons dit qu'avec trois dames contre une, les parties sont remises; mais, comme un fort joueur lorsqu'il fait avantage à son ennemi, est en droit de le faire jouer vingt coups, nous indiquons à ceux qui n'ont qu'une connaissance imparfaite de ce jeu, les positions qu'ils doivent éviter pour ne pas perdre la partie. Pour cela, il faut un damier numéroté, ainsi que l'indique la planche 3, y arranger les coups qui vont être détaillés, se les rendre familiers, et par là se garantir des pièges qu'on peut leur tendre pour les faire perdre.

Les vingt coups, nombre ou tel autre, convenu entre les joueurs ayant été joués, la partie est finie lors même qu'il ne faudrait plus qu'un dernier coup pour la gagner.

Il y a cinq espèces de coups qui peuvent faire perdre ; les voici détaillés, il ne sera pas difficile de les éviter en les ayant présents à la mémoire.

1ᵉʳ *Coup.* Le joueur que nous désignerons par la lettre A, a ses trois dames sur les cases 1, 12, 22, le joueur B a la sienne sur la case 36; A en donne deux à prendre et gagne la partie.

Ce coup ne pouvant être tendu de deux côtés, c'est un piège qu'il est facile d'éviter.

2ᵉ *Coup.* A a ses trois dames sur les cases 12, 22, 34, B a la sienne sur la case 36; A en donne deux à prendre et gagne de quelque côté que B prenne les deux.

3ᵉ *Coup.* A a ses trois dames sur les cases 21, 23, 33, B a la sienne sur la case 35; A porte la dame 33 sur la case 44, B est obligé de prendre et de venir sur la case 48, alors A fait une pour une en portant sa dame 23 sur la case 32.

4ᵉ *Coup.* A a ses trois Dames sur les cases 11, 12, 45, B a la sienne sur la case 24; A donne à prendre sur la case 7 et joue ensuite sur la case 40, B, par ce moyen, se trouve renfermé.

Ce quatrième coup peut être la fin d'une

partie assez singulière, pour mériter un plus grand détail.

Position. A a ses trois dames sur les cases 6, 12, 17, B a la sienne sur la case 40. C'est à A à jouer, B a forcément perdu.

Exécution. A porter sa dame 6 sur la case 2, B ne peut jouer la sienne que sur la case 49, alors A joue sa dame 17 sur la case 13; B a perdu quelque part où il joue la sienne, il ne peut la porter que sur les cases 44, 38, 33, 27, 11; en la portant sur les quatre premières cases, A de sa dame 12 lui en donne deux à prendre et gagne la partie ; si B porte sa dame sur la case 11, A porte sa dame 13 sur la case 40, et comme B ne peut jouer que sur la ligne diagonale 11 et 49, A lui donne à prendre sa dame 12 sur la case 16, porte sa dame 40 sur la case 49 et enferme B comme ci-dessus.

5ᵉ *Coup.* A a ses trois dames sur les cases 4, 28, 46, B a la sienne sur la case 32, A donne à prendre à B sur la case 9 et pousse ensuite sa dame 46 sur la case 41 ; B qui a été obligé de prendre sur la case 5 ne peut jouer que sur la case 10, A porte alors sa dame 41 sur la case 46 et fait une pour une.

Il y a un *sixième coup* qui est très-caché, et, par conséquent dangereux ; le voici : A a ses trois dames sur les cases 20, 23, 44, B a la sienne sur la case 26. A joue sa dame 44 sur la case 30, alors B ne peut jouer sans perdre la partie, il ne peut la jouer pour éviter l'une pour une que sur les cases 21, 37, 13, 22, 31 ; en la portant sur les quatre premières cases, A lui donne à prendre sa dame 20 sur la case 43 et force l'une pour une ; si B joue sa dame sur les trois autres cases indiquées, A lui donne à prendre sa dame 30 sur la case 8 et ensuite sa dame 23 sur la case 9 : c'est le coup le plus fin et le plus à craindre pour perdre la partie.

Ajoutez à cela l'attention qui est d'une grande importance. Lorsque sur la fin de la partie on a une dame et un pion, on doit sacrifier le pion au plus tôt ; la partie en est plus forte et l'on peut mieux se défendre. Le pion en forçant la dame fait perdre la partie, comme dans le coup suivant.

A a ses trois dames sur les cases 20, 29, 35, B a un pion sur la case 40 et sa dame sur la case 1 ; B a perdu la partie quelque part où il joue. En ne portant pas sa dame jusqu'en 50, A retire celle qui est sur la case 29, sur la case 25 et en prend deux ; si B va jusqu'en 50, A en donne deux à prendre en jouant sur la case 39 et gagne la partie.

Il y a deux positions où quoique l'un des joueurs ait une dame et l'autre trois pions et une dame la partie est remise.

1re *Position*. A n'a qu'une dame sur la ligne du milieu, B a trois pions sur les cases 11, 16, 21, et sa dame où l'on voudra; comme il est impossible à B de conduire aucun de ses pions à dame et de faire aucun coup, la partie est remise.

2e *Position*. A a sa dame sur la ligne du damier 5 et 41, B a ses trois pions sur les cases 21, 26, 31, et sa dame où il voudra, la partie est remise par les mêmes raisons, pourvu que A ait l'attention de ne jamais mettre sa dame sur les cases 5 et 41, que quand il verra B mettre la sienne sur les cases 10 et 46. Excepté ces deux positions, celui qui a trois pions en liberté d'aller à dame et une dame doit gagner la partie.

Quand un des joueurs a deux dames, quoique l'autre en ait quatre, la partie doit être remise. Il y a une position où celui qui a deux dames a perdu; la voici :

A a quatre dames sur les cases 2, 41, 48, 49 B a les deux siennes sur les cases 11 et 50. A porte sa dame 48 sur la case 32, quelque part où joue B il a perdu; il ne peut jouer sa dame 11 sans la mettre en prise, et sa dame 50, il ne peut la jouer que sur les cases 39, 34, 28, 17, 12, 6, 1, sur les six premières cases. A en donne deux à prendre avec sa dame 49, et prend les deux dames de B, si B joue sa dame sur la case 1; A en donne deux à prendre de sa dame 2, B les ayant prises de sa dame 1, va se mettre sur la case 36, A reprend sur la case 27, force l'une pour une et gagne la partie.

Malgré cet exemple qui semble détruire la dernière proposition, il est certain qu'elle est juste parce que la position ci-dessus ne peut être forcée, et que celui qui n'a que deux dames peut trouver l'occasion de faire une pour une. Si celui qui n'a que deux dames contre cinq n'est pas maître de la ligne, alors l'une pour une quelquefois est forcé et la partie est perdue. Si celui qui n'a que deux dames est le maître de la ligne, avec de l'adresse il peut se défendre longtemps. Il y a une position unique à la vérité où la partie est perdue pour celui qui n'a que deux dames, c'est un des coups les plus difficiles à ce jeu ; le voici :

A a ses cinq dames sur les cases 10, 11, 19, 48, 49, B a les deux siennes sur les cases 1 et 50 étant à B à jouer; il ne peut jouer sa dame 1 que sur les cases 12, 17, 23, 34; en la jouant sur les trois premières A donne à prendre sur la case 45, B en prend deux et va sur la case 15, alors A prend les deux dames de B : si B porte sa dame sur la quatrième case, A porte sa dame 48 sur la case 39 et fait une pour une après laquelle il en reste quatre contre une à A qui n'a pas de peine à gagner la partie.

Si B joue sa dame 50, il ne peut la jouer que sur les cases 34, 23, 17, 12, en la jouant sur la case 34 le coup de deux est tout simple, en donnant à prendre sa dame 11 sur la case 6, sa dame 49 sur la case 45 et ensuite sa dame 48 sur la case 39, B est alors obligé d'en prendre deux et ne peut éviter de perdre ses deux dames, étant forcé de se porter sur la case 15; A peut même gagner par ce même coup, si B, comme ci-dessus, porte sa dame sur la case 34, mais le premier coup de deux est le plus simple.

Enfin, si B porte sa dame 50 sur la case 12, A porte alors sa dame 49 sur la case 16, et après que B en prenant s'est porté sur la case 21, A donne à prendre la dame 11 sur la case 6, B est obligé d'en prendre deux et de se porter sur la case 15, A prenant de sa dame 10 se porte sur la case 37 et force l'une pour une; c'est sûrement un des beaux coups de ce jeu. Comme la remise est très-ordinaire à ce jeu, nous nous sommes plus étendus sur cet article que sur les précédents.

Recueil de coups brillants et fins de parties intéressantes.

Il y a au jeu de dames à la polonaise des coups simples et des composés.

Coup simple. A a trois pions sur les cases 10, 15, 19, B en a quatre sur les cases 28, 30, 36, 37, A donne à prendre le pion 19 en jouant sur la case 25 et prend ensuite les quatres pions de B.

Coup composé. A a sept pions sur les cases 10, 13, 15, 17, 19, 21, 22, B en a autant sur les cases 28, 30, 31, 33, 36, 37, 41, A donne à prendre le pion 22 sur la case 27; ces deux pions pris ont fait dans le jeu de B le jour nécessaire pour former le coup simple ci-dessus. Comme les coups simples s'offrent d'eux-mêmes, nous jugeons inutile d'en présenter davantage : nous allons en détailler un certain nombre de composés en position et en exécution, afin que ceux qui veulent s'instruire après avoir arrangé la première partie sur le damier, puissent s'amuser à chercher la seconde, ils sont disposés de façon que A doit gagner partout.

Coup double.

Position. A a treize pions sur les cases 3, 4, 8, 10, 11, 12, 13, 14, 17, 18, 19, 23, 25, B en a autant sur les cases 21, 30, 31, 33, 37, 38, 40, 42, 43, 44, 47, 48, 50.

Exécution. A en donne deux à prendre en plaçant le pion 19 sur la case 24, prend sur la case 34 B qui se met sur la case 29; A en donne encore deux à prendre en jouant le pion 12 sur la case 16 et avec le pion 18 en prend trois, va damer sur la case 49 et gagne la partie.

Coup du Chapelet.

Position. A a onze pions sur les cases 2, 4, 12, 14, 15, 19, 20, 22, 23, 25, 30, B en a autant sur les cases 29, 32, 34, 35, 39, 40, 43, 45, 48, 49, 50.

Exécution. A donne à prendre sur la case 28, prend sur la case 34, reprend sur la case 39, en donne ensuite deux à prendre en jouant sur la case 18, et avec le pion 20 en prend trois, va damer sur la case 47 et gagne la partie.

Coup renversé.

Position. A a onze pions sur les cases 4, 11, 12, 13, 16, 17, 21, 22, 23, 27, 31, B en a autant sur les cases 24, 32, 36, 38, 41, 42, 43, 44, 45, 46, 47.

Exécution. A donne à prendre le pion 21 sur la case 26, le pion 23 sur la case 28, et joue le pion 22 sur la case 26; B qui est obligé d'en prendre deux avec le pion 21 revient sur la case 23 d'où A avec le pion 17 en prend cinq, va damer sur la case 50 et gagne la partie.

Coup de la Souricière.

Position. A a deux dames sur les cases 21 et 40 et trois pions sur les cases 5, 7, 10; B a une dame sur la case 1, et deux pions sur les cases 6 et 19.

Exécution. A donne à prendre le pion 7 sur la case 12, sa dame 21 sur la même case 12, son pion 10 sur la case 15, porte ensuite sa dame 40 sur la case 2; comme c'est à B à jouer, ce qu'il ne peut faire puisqu'il ne peut pas même donner à prendre, il a perdu la partie.

Coup turc.

Position. A a huit pions sur les cases 4, 8, 12, 17, 18, 22, 32 et 36. B a deux dames sur les cases 38, 45, et quatre pions sur les cases 34, 44, 48, 49.

Exécution. A avance le pion 22 sur la case 27, B est obligé d'en prendre quatre et de venir sur la case 23, A en prend trois, va damer sur la case 50 et gagne la partie.

Coup de la Mortellerie.

Position. A a huit pions sur les cases 5, 9, 12, 14, 16, 21, 23, 24, B en a dix sur les cases 25, 30, 32, 33, 35, 39, 40, 43, 45, 50.

Exécution. A donne à prendre deux fois sur la case 28, ensuite sur la case 26 et joue sur la case 17; B est obligé d'en prendre deux, de se porter sur la case 23, alors A donne à prendre sur la case 19, en prend quatre, va damer sur la case 47, et gagne la partie.

Coup du cul-de-sac.

Position. A a cinq pions sur les cases 2, 4, 7, 18, 28; B en a quatre sur les cases 6, 11, 37, 49. Au premier coup-d'œil de cette position on parierait pour B que rien n'empêche d'aller à dame sur la case 1, cependant en y allant il a perdu.

Exécution. Quand B a poussé le pion 6 à dames sur la case 1, A donne à prendre le pion 28 sur la case 33, le pion 18 sur la case 23 et le pion 12 sur la case 17, il joue ensuite le pion 4 sur la case 9 et gagne la partie parce qu'il a le coup sur le pion 49 de B. Pour voir dans un instant si on a le coup sur son adversaire, il faut, en jouant, faire attention si on peut mettre son pion vis-à vis de l'autre; A a le coup sur le pion 49 de B, parce qu'en jouant il se place sur la case 9 qui est en face de l'ennemi.

Coup de tonnerre.

Position. A a une dame sur la case 15 et quatre pions sur les cases 1, 30, 39, 40; B a une dame sur la case 38 et cinq pions sur les cases 12, 13, 48, 49, 50.

Exécution. A donne à prendre sur la case 6 à B qui va damer sur la case 1, il donne ensuite à prendre le pion 40 sur la case 45, le pion 30 sur la case 35 et porte sa dame sur la case 4, B est obligé de prendre sur la case 45; A prend alors avec la dame de la case 4 deux dames et deux pions à B qui a perdu la partie.

Coup du fondeur de cloches.

Position. A a cinq pions sur les cases 2, 3, 6, 11, 40; B a une dame sur la case 23 et un pion sur la case 21. On croirait avec le jeu de B pouvoir remettre la partie, cependant elle est perdue.

Exécution. A met son pion 40 sur la case 45; si B prend le pion 6, A l'enferme en allant damer sur la case 50 : si B prend le pion 45, A joue le pion 6 sur la case 12, B est obligé de prendre et d'aller jusque sur la case 1, en s'arrêtant sur la case 6 l'une pour une serait forcée; quand il est sur la case 1, A donne à prendre sur la case 16 et joue le pion 2 sur la case 6, ce qui enferme absolument le jeu de B.

Coup de clinquant.

Position. A a dix-sept pions sur les cases 1, 2, 3, 4, 7, 8, 10, 11, 13, 15, 17, 20, 21, 25, 30, 31, 32 ; B en a quinze sur les cases 24, 28, 33, 34, 38, 39, 40, 41, 42, 43, 44, 45, 46, 48, 49.

Exécution. A en donne deux à prendre sur la case 35, deux sur la case 18, fait l'une pour une du pion 15, donne ensuite à prendre le pion 31 sur la case 36, sur la case 16, sur la case 26, sur la case 36, sur la case 6 et avec le pion 8 en prend six et va damer sur la case 50.

Coup de l'enfilade.

Position. A a six pions sur les cases 8, 12, 17, 18, 23, 24 ; B a trois dames sur les cases 1, 44, 45 et un pion sur la case 25.

Exécution. A donne à prendre le pion 24 sur la case 29, joue le pion 23 sur la case 27 ; B avec sa dame 44 est obligé d'en prendre quatre et de venir sur la case 23 d'où A avec le pion 17, le seul pion qui lui reste, en prend trois, va damer sur la case 50 et met B dans l'impossibilité de jouer.

Fin de partie curieuse.

Position. A a quatre dames sur les cases 2, 5, et les deux autres où l'on voudra, excepté sur la grande ligne ; B a une dame sur la ligne du milieu et deux pions sur les cases 10 et 11. Comme ces deux pions n'ont qu'un pas à faire pour aller à dames et qu'il faut que A ait deux dames sur les cases 2 et 5 pour empêcher B de les y conduire, il y a apparence que la partie doit être remise, cependant il y a un moyen de la gagner, le voici :

Exécution. A porte ses deux dames oisives sur les cases 4 et 9 ; B a la sienne sur la case 50. C'est à A à jouer : il porte sa dame 2 sur la case 18, quelque part et quelque pièce que joue B il a perdu la partie ; il ne peut jouer que son pion 11 ou sa dame ; en jouant sa dame, il ne peut la porter que sur les cases 1, 6, 12, 28, 34, 39, 45 : sur les trois premières cases, A en donne deux à prendre de sa dame 4, prend la dame de B qui a perdu : si B porte sa dame sur les quatre autres cases, A donne sa dame 9 sur la case 15, sa dame 18 sur la case 14 et avec sa dame 4 en prend deux et gagne la partie. Si B voyant ce coup inévitable joue son pion 11 sur la case 6, A fait le même coup de deux que ci-dessus en prenant les deux pions et se portant sur la case 1, il enferme B et gagne la partie.

Coup de Jarnac.

Position. A a neuf pions sur les cases 4, 5, 8, 12, 13, 14, 17, 22, 23; B en a quatorze sur les cases 15, 21, 24, 26, 29, 31, 32, 36, 39, 41, 42, 43, 46, 47.

Exécution. A donne à prendre sur la case 18, sur la case 19, sur la case 28; il en donne ensuite deux à prendre sur la case 16 et avec le pion 8 en prend quatre, va damer sur la case 48, et après que B, a pris le pion 22 et s'est porté sur la case 17, A avec sa dame 48 en prend encore quatre, revient sur la même case 48 et gagne la partie.

Coup de repos.

Position. A a dix pions sur les cases 7, 8, 10, 12, 16, 17, 19, 20, 26, 40; B en a autant sur les cases 9, 21, 28, 30, 32, 34, 37, 38, 39, 42.

Exécution. A donne à prendre sur la case 14, sur la case 23, joue le pion 40 sur la case 45; B est obligé d'en prendre deux du pion 21 et de venir à dame sur la case 3, A conduit le pion 45 à dame sur la case 49 et tandis que B qui a à prendre ou de son pion 32 ou de sa dame 3 sur la case 25 prend successivement sur ces deux cases, A de sa dame 49 en prend quatre, revient sur la case 44, prend de son pion 20 la dame et le pion de B qui sont en prise, se porte sur la case 38 et gagne aisément la partie.

Coup savant.

Position. A a trois dames sur les cases 5, 7, 32 et un pion sur la case 36; B a deux dames sur les cases 41 et 47 et un pion sur la case 20.

Exécution. A porte sa dame 7 sur la case 29, si B la prend avec sa dame 47 il a perdu; il est obligé de venir sur la case 25, alors A retire sa dame 32 sur la case 14, B est obligé d'en prendre deux et de venir sur la case 9; alors A avec sa dame 5 prend les deux dames de B : Si B prend le pion 36, A porte sa dame 29 sur la case 47, B après avoir pris le pion 36 ne peut se placer que sur la case 31, ensuite est obligé de prendre la dame 32 de A avec sa dame 41, alors A reprend cette dame

LES DAMES. 295

avec sa dame 5 qu'il porte sur la case 36, force l'une pour une à B qui conséquemment a perdu la partie.

Cette fin de partie singulière est d'autant plus belle que le joueur qui l'a trouvée donnait la remise à son adversaire.

Coup de marchand ou le *Bouquet*.

Position. A a douze pions sur les cases 5, 9, 11, 12, 13, 15, 16, 18, 22, 27, 28, 32; B en a autant sur les cases 21, 25, 30, 35, 38, 41, 42, 43, 44, 45, 46, 50.

Exécution. A donne à prendre le pion 28 sur la case 34, le pion 18, le pion 23, reprend sur la case 3, donne à prendre à B qui a pris sur la case 12 le pion 16, les pions 32 et 27, le pion 11 sur la case 16, le pion 22 sur la case 26, le pion 15 sur la case 19, avec le pion 9 en prend huit, revient sur la case 29 et gagne la partie.

Partie de qui perd gagne aux Dames.

Le nom de ce jeu l'explique assez, mais il n'est pas en tout l'inverse de l'autre, comme son titre semble l'annoncer. Quoique le gain d'un pion soit une perte, ainsi que celui de la partie, il faut savoir jouer le pion et savoir gagner le coup, comme à la partie ordinaire, pour parvenir à faire des pertes et surtout à la fin, où l'on se trouve forcé de prendre sans pouvoir l'éviter, si l'on a pas su se ménager de loin le moyen de se débarrasser de tous ses pions.

Il n'est pas si aisé qu'on se l'imagine de de donner à prendre sans s'exposer à prendre plus qu'on ne voudrait. On a vu de bon joueurs ayant leur vingt pions, jouer contre d'autres qui n'en avaient qu'un seul et néanmoins gagner la partie ; mais supposons vingt pions de chaque côté, une manœuvre habile et qui assure le gain de la partie, est d'amener forcément, en lui donnant à prendre un pion ennemi, le noir par exemple, dans une case de coin, telle que le n° 1 (planche III), et là de le tenir prisonnier au moyen de deux pions blancs qui rempliront l'office de geôliers aux n°s 12 et 6, et que le pion noir ne pourra prendre, vu qu'ils sont contigus, ne laissant pas de case blanche entre eux. L'ennemi qui devinera le piége fera tous ses efforts pour délivrer son pion, et c'est ici qu'il faudra manœuvrer habilement pour écarter sans cesse les pions noirs qui s'approcheraient trop en leur donnant chaque fois à prendre pour les faire reculer; enfin, lorsqu'il ne restera plus à l'ennemi que ce seul pion noir et à vous les deux blancs qui le gardent dans son coin, il vous suffira d'écarter ceux-ci d'une case, c'est-à-dire de pousser son pion du 12 au 17, le pion noir, forcé de faire un coup de deux, restera seul sur le champ de bataille et vous aurez gagné.

Il est parfois bon à ce jeu de se faire damer; il est vrai que souvent on peut forcer la dame de prendre, mais, d'un autre côté, si vous avez eu soin de disperser vos pions en laissant un intervalle d'une case vide entre eux, vous forcerez, au moyen de votre dame convenablement placée, votre adversaire à faire des coups de cinq, six pions etc., d'ailleurs vous serez toujours le maître de faire prendre votre dame quand vous n'en aurez plus besoin ou qu'elle vous gênera.

LE DOMINO.

Tout le monde connaît la forme des dominos. On sait que ce sont des dés longs et plats dont une face est d'ébène et l'autre d'ivoire. C'est sur celle-ci que sont marqués les points de chaque dé.

Le nombre des dés est de vingt-huit. Ils sont divisés en sept espèces qui commencent par le double blanc et finissent par le double six. Ces dés forment ensemble cent soixante-huit points.

Dans ces différents dés, il y en a huit qui ont une même terminaison, c'est-à-dire qu'il y a huit blancs, huit as, huit 2, huit 3, huit 4, huit 5 et huit 6. Il résulte de là que tous ces dés ont un bout marqué d'une façon et l'autre d'une autre façon.

Il y a plusieurs manières de jouer le Domino. Nous en parlerons après avoir décrit le mode le plus ordinaire, qui est le *tête-à-tête*, chaque joueur prenant sept dés.

La première opération consiste à faire décider par le sort à qui appartiendra l'avantage de poser le premier. On mêle pour cela les dés, et chacun des deux joueurs en ayant pris un, l'avantage reste au plus fort point. Si ces points étaient égaux, on renouvellerait l'épreuve en tirant chacun un second dé.

Le joueur qui a la pose mêle les dés. Le second à jouer a le droit de prendre les siens le premier. Ils doivent être pris en une seule fois et non un à un, ce qui pourrait faire supposer à des gens soupçonneux qu'on les choisit. Les dés restants se nomment le *talon*.

Voici une méthode de mêler les dés que l'on pratique quelquefois dans les parties intéressées, et que nous empruntons à une *Académie des jeux*.

« Après avoir mêlé les dominos, on les range tous de front, sur une même ligne. Le second à jouer coupe cette ligne où il veut, c'est-à-dire qu'il prend deux ou plusieurs dominos en tête de la ligne à sa droite, et les replace à la queue de la ligne à la gauche du dernier à jouer (1).

« Ensuite le dernier à jouer prend le premier domino en tête de la ligne ; celui qui a la pose prend le second, et l'on continue ainsi, alternativement, jusqu'à ce que chaque joueur ait le nombre de dés avec lequel on est convenu de jouer.

« Quand, en opérant de cette manière, l'un

---

(1) Ce qui correspond à la coupe dans les jeux de cartes.

des joueurs, en prenant ses dés, en découvre un, si c'est un de ceux qui lui reviennent, le dé est bien pris ; si c'est un de ceux qui reviennent à son adversaire, ce dernier a le choix d'accepter le dé ou de le remêler. »

Si on prend les dés suivant la méthode ordinaire, on doit mêler de nouveau dès qu'il y en a un qui se retourne.

Ouverture du jeu.

Comme il est essentiel, pour chaque joueur, que les dés qu'il a choisis ne soient pas vus par son adversaire, on doit s'étudier à les tenir d'une seule main, de manière que ce grave inconvénient n'ait pas lieu. D'autres les rangent en demi-cercle sur la table, la face tournée de leur côté ; mais quelle que soit la manière de les ranger, on doit être certain que presque toujours une partie où l'adversaire verra vos dés est une partie perdue.

Celui qui a la pose place un dé à son choix. Ordinairement, quand il a le double six, il s'en débarrasse en le posant le premier. Son but est de gagner le plus de points possible, en faisant en sorte qu'il reste beaucoup de dés dans la main de son adversaire, soit en faisant domino le premier, soit en fermant le jeu lorsqu'on n'a plus qu'un petit nombre de points, et que l'on suppose que son adversaire en a davantage.

Faire domino. C'est placer tous ses dés lorsqu'il en reste encore un ou plusieurs à son adversaire.

Fermer le jeu. C'est faire en sorte qu'il ne reste plus à vous ni à votre adversaire aucun dé qui puisse être placé à la ligne des dominos déjà joués. On comprend qu'on ne doit tenter de fermer le jeu que lorsqu'on n'a que peu de points en main, et que l'on en suppose davantage à la partie adverse.

Donnons ici un exemple de cette manière de jouer.

Ayant rassemblé vos dés, vous voyez que votre jeu est petit : et, d'après les probabilités, celui de votre adversaire doit être fort en points. Vous avez beaucoup de *deux* : ils doivent, par conséquent, être rares dans le jeu opposé ; c'est donc le dé dont vous devez vous servir pour fermer le jeu.

Vous avez la pose, et vous jouez le 4-2.
— L'adversaire pose dessus le double 4. —

Vous le 4-5. — Lui le double 5. — Vous le 5-1. — Lui le double as. — Vous le 1-2. Ici l'adversaire boude, car il n'a point de 2. Vous êtes forcé de lui ouvrir un nouveau dé en jouant le 2-3. — Il répond par le 3-6, mais vous lui fermez de nouveau le jeu avec le 6-2. L'adversaire a encore en main trois dés chargés de points, et vous n'en avez qu'un seul représentant un point très-inférieur.

Il arrive souvent qu'en voulant fermer le jeu parce qu'on n'a en main que de petits dominos, on se voit forcé de rouvrir le jeu en jouant un dé dans le jeu de l'adversaire. Celui-ci en profite aussitôt et fait passer tous ses gros, en sorte qu'après vous être cru assuré de la victoire, vous perdez la partie pour avoir eu, par exemple, un as de trop !

Lorsqu'on a un point plusieurs fois répété dans ses dominos, il est bon de conserver le domino où ce point est doublé, parce qu'il sert à faire bouder l'adversaire une fois de plus. Si le gagnant, dans l'exemple qui précède, avait eu le double 2, il l'aurait joué, et eût fait domino ; mais notons bien que les doubles ne sont bons à conserver que lorsqu'on est maître dans les points qu'ils portent, sinon il peut fort bien arriver que vous ne puissiez vous en défaire.

Lorsque les parties boudent toutes les deux, et que le jeu est, par conséquent, fermé, on retourne ses dés et l'on dit : *Comptons*. Celui dont le point est le moins fort compte à son profit les points des dominos restés à son adversaire.

Partie à quatre chacun pour soi sans être aux points.

A cette partie, chacun met au jeu une somme convenue, et quand les dés sont mêlés, chaque joueur en prend six. Toutes les fois qu'on fait *domino*, on retire du jeu une somme égale à celle qu'on y a mise.

Supposons que ce soit à vous à poser le premier. Il est clair que vous ferez *domino* avant tout autre joueur, si vous ne boudez pas, puisque vous avez un dé de moins. Vous retirez donc alors votre enjeu ; ensuite on remêle les dés pour un nouveau coup, et le joueur qui est à votre droite pose le premier. S'il arrive que vos adversaires boudent une seule fois chacun, vous ferez encore *domino*, et vous retirerez un seul enjeu. On continue de cette manière jusqu'à ce que les quatre enjeux soient gagnés.

Partie au Domino Voleur, c'est-à-dire de deux personnes contre deux autres, ayant chacune six dés, et jouant pour gagner le plus tôt cent points.

On doit tâcher, surtout dans cette partie, de fermer toujours le dé de son adversaire.

Supposons que devant poser le premier, vous ayez en main un double dé avec trois ou quatre autres dés qui s'y rapportent, et un second double dé isolé, avec un dé quelconque, vous jouerez bien en posant le double dé isolé, parce que vous obligerez vos adversaires à ouvrir les dés auxquels les vôtres se rapportent; et vous ne pouvez pas manquer de faire *domino*.

Si votre jeu est disposé de manière à ne vous présenter aucun succès certain, vous devez être attentif au dé que votre partner pose, et faire dans ce dé un partout, si vous en avez un à faire. Souvenez-vous que dans cette partie il faut toujours faire le jeu de son partner, quand il est premier, à moins que vous ne soyez sûr de faire domino:

si le partner demande un dé, il faut sacrifier son jeu pour le lui laisser ouvert.

Il faut aussi prendre garde à la position de vos adversaires ; car s'ils jouent pour peu de points, il convient que vous avanciez vos gros dés, afin d'éviter de perdre sur le coup.

Partie de la Poule.

Cette partie se joue entre trois ou quatre personnes. Chacun met au jeu une somme convenue pour former la poule ; cette poule doit appartenir au joueur qui le premier parvient à compléter cent points en sa faveur. Dans cette partie, on fait souvent le sacrifice de son intérêt particulier pour favoriser le joueur qui a le moins de points au préjudice de celui qui en a le plus.

Partie de Domino à la pêche.

Les dominos étant mêlés et ayant tiré celui qui posera le premier, chaque joueur prend le nombre convenu de dominos, trois ou quatre, par exemple. Les dominos restants forment ce qu'on appelle le *talon*.

Le poseur pose un de ses trois ou quatre dominos, à son choix.

L'autre, à son tour, doit jouer un domino qui aille sur celui du poseur, et l'on peut finir ainsi le coup, si aucun des joueurs ne boude, auquel cas le poseur gagne nécessairement.

Mais il arrive plus souvent qu'un des deux joueurs boude; c'est alors que la pêche commence.

Le joueur qui boude pêche le premier domino en tête de la ligne, et continue ainsi jusqu'à ce qu'il en ait pris un qui aille sur un des bouts du domino posé par son adversaire.

Supposons, par exemple, que le poseur ait posé un cinq-six, et que le second à jouer n'ait ni cinq ni six; il pêche des dominos, un à un, jusqu'à ce qu'il ait amené un cinq ou un six, qu'il pose sur le domino du poseur.

Les deux joueurs continuent ainsi à poser des dés qu'ils ont dans leur jeu, ou de ceux qu'ils pêchent au talon quand ils boudent, et ne cessent que quand l'un des deux a fait domino.

Alors le gagnant compte et marque les points qui sont dans le jeu du perdant.

Ce jeu a cela de piquant, que le joueur qui

n'a qu'un dé en main, et qui se croit sur le point de faire domino, est quelquefois obligé de pêcher tous les dés qui restent au talon.

Le Matador.

Le Matador est une modification du jeu de Dominos, mais ses règles sont tout à fait différentes du Domino ordinaire.

Le point fondamental du jeu est qu'un domino étant posé, il faut que le dé que l'adversaire ajoutera complète le nombre *sept* de points, au moyen de l'une de ses moitiés. Voici un exemple de cette pose (planche 3, figure 2). Au 3 blanc j'oppose le 4-6 : or, quatre et trois font sept. L'autre bout du domino étant un six, je complète *sept* au moyen du 1-5. Le cinq venant ensuite, on forme le *sept* avec le deux du domino suivant, et ainsi de suite.

Il y a dans les vingt-huit dés quatre *matadors*. On donne ce nom aux quatre dominos dont la totalité des points forme le nombre *sept*, savoir : le 3-4, le 5-2 et le 6-1. Le double blanc est aussi un matador, quoiqu'il ne puisse naturellement former le nombre sept, mais on lui a néanmoins attribué l'honneur de compléter les quatre matadors, et il jouit des mêmes prérogatives.

Commençons la partie. Chacun tire un domino, et le droit de commencer à poser appartient au joueur qui a le point le plus élevé.

Chacun prend trois dés et a la faculté de pêcher au talon lorsqu'il n'aura point le dé qui lui est nécessaire.

Supposons que Louis pose le blanc-4, et Joseph le 3-2 ; Louis pose le 5-4, et Joseph le 3-1 ; Louis profite de l'occasion pour se débarrasser du double 6 ; Joseph pose le 1-2 ; Louis le 5-3 ; Joseph le 4-1 ; Louis pose le 6 blanc.

Ici il faut un matador. Joseph pose donc le 5-2 ; c'est le premier sorti. Louis pose le 5-1, Joseph le 6-2 ; Louis le double 5, Joseph le double 2 ; Louis le 5 blanc. Joseph a heureusement un *matador*, et il rouvre le jeu avec le 4-3 ; Louis se débarrasse du double 4, et Joseph du double 3 ; Louis place le 4-2, et Joseph le 5-6 ; Louis pose ici le *troisième matador*, qui est le 6-1 ; Joseph pose le 6-3, et Louis le matador double blanc ; Joseph joue le blanc 2, sur lequel aucun des deux joueurs ne peut poser pour former les sept points de rigueur. Il reste deux dés à Louis, et autant à Joseph. Mais celui-ci compte douze points, et Louis seulement quatre, en sorte qu'il a gagné la partie.

On comprend facilement qu'un matador est indispensable pour rouvrir le jeu fermé par un blanc. Il faut donc que le joueur qui en manque pêche au talon pour en trouver un, car aucun dé ne pourrait compléter le nombre de sept avec un dé blanc. Chacun pêche donc à son tour, et les dés s'accumulent dans l'une ou l'autre main, de façon à former un nombre considérable de points.

Nous avons étendu cet exemple jusqu'à presque épuisement des dés ; mais la finesse de ce jeu consiste à le fermer au moyen d'un dé blanc, lorsqu'on suppose que l'adversaire compte en main un nombre de points supérieur au vôtre, et n'a point de matador pour rouvrir le jeu.

Suivant les conventions préliminaires, on peut jouer d'un seul côté ou des deux côtés du jeu, mais le plus souvent on joue à volonté des deux côtés, comme dans le domino ordinaire.

Quelquefois on convient que l'emploi du matador n'est point forcé, en sorte que s'il y trouve de l'avantage, le joueur qui a un ou plusieurs matadors pourrait laisser le jeu fermé, son adversaire étant dépourvu de matadors ou les ayant déjà employés.

LE TRICTRAC.

Le nom de ce jeu est un onomatopée tiré du bruit que font les dés quand on les secoue dans le cornet et qu'on les jette sur le tablier. Le Trictrac ne se joue qu'à deux personnes sur une table ou tablier en marqueterie, dont le dessus présente une espèce de boîte sans couvercle, en forme de carré long et dont les bords ont cinq ou six centimètres de hauteur. Ce tablier est partagé en deux compartiments carrés que sépare une cloison moins haute que les bords.

De chaque côté des bords, on remarque douze petits trous garnis en ivoire, et distribués, moitié d'un côté, moitié de l'autre. Ces trous sont destinés à recevoir des *fichets*. Chaque fichet qu'on y place représente le gain de douze points. Enfin, trois trous pareils sont percés à chaque extrémité du Trictrac.

Vingt-quatre flèches de deux couleurs et opposées de pointe à pointe, sont incrustées sur le fond noir du tablier vis-à-vis des trous.

Chaque joueur a quinze dames d'ivoire de couleur différente et placées à sa gauche, un peu plus larges et plus épaisses que les dames ordinaires. De plus, ils ont chacun deux cornets et deux dés, trois jetons en ivoire pour marquer les points et deux fiches pour marquer les parties.

Pour préparer le jeu chacun des deux joueurs doit d'abord mettre ses dames en masses sur deux ou trois piles, dans la première flèche du Trictrac en tournant le jeu de manière que les piles des dames commencent sur le derrière ou talon en les dirigeant vers le joueur.

Les points se marquent à mesure qu'on les prend, avec les jetons sur la pointe de la troisième flèche à partir du talon, c'est-à-dire de la flèche où sont empilées les dames, quatre points sur celle de la cinquième, six points contre la bande ou traverse du milieu, huit points de l'autre côté de cette bande, et dix points contre la dernière bande ou paroi de la boîte.

Le sort ayant désigné le joueur qui doit commencer, il prend les deux dés, les agite dans le cornet et les lance de telle sorte qu'ils ne reviennent qu'après avoir été renvoyés par la bande opposée.

Le coup de dés s'annonce, en commençant par le plus grand nombre, par exemple : si on amène un 5 et un 6 on dit, 6 et 5 deux nombres égaux forment un *doublet*. Tous les doublets, à l'exception du double 2 ont des noms particuliers.

Le double as se nomme *bezet*.
Le double trois *terne*.
Le double quatre *quaterne*.
Le double cinq *quine*.
Le double six *sonnet*.

Les dés ayant amené 6 et 5 par exemple, on a la facilité de placer deux dames sur les flèches correspondant aux numéros 6 et 5 ou d'abattre une seule dame sur le numéro 11, somme de 5 et 6, ou enfin d'avancer dans la même progression une ou deux dames déjà casées.

Autre exemple. Quand on a 5 et 3, après avoir joué le 3, je puis jouer le 5 d'une dame du talon en la plaçant à la cinquième flèche (celle du talon non comprise), ou prendre celle déjà jouée de la quatrième et la transporter dans le grand *Jan* à 5 de distance, depuis la flèche d'où on la prend, et ainsi de l'autre dame ; en résumé, on peut jouer, ou de deux dames ou d'une seule, en prenant du talon ou des dames placées antérieurement sur les flèches.

Il est donc de règle de considérer toutes les flèches sur lesquelles sont posées des dames comme autant de talons, d'où l'on peut prendre ou les deux dames ou la seule dame qu'on veut jouer.

La flèche sur laquelle il y a au moins deux dames placées se nomme *case*.

On joue généralement la partie en douze trous. Les règles du Trictrac sont très-compliquées ; chacun des coups ou jans donne lieu à trente-six chances diverses.

Des Jans. On partage le tour du Trictrac en quatre parties égales qu'on appelle *Tables* ;

et chacune de ces tables s'appelle *Jan*. Dans le jeu ordinaire, chaque joueur a deux jans ; et quand on passe au retour, chaque joueur en a quatre, composés chacun de six flèches. Les deux jans du joueur sont devant lui près de la bande où il marque ses trous ; et ces jans sont connus, l'un sous le nom de *Petit-Jan* et l'autre sous le nom de *Grand-Jan*.

Les jans ou coups du Trictrac sont au nombre de huit, savoir : le Jan de six tables, le Jan de deux tables, le contre Jan de deux tables, le Jan du méséas, le petit-Jan, le grand-Jan, et le Jan de retour.

Le *Jan de six tables* ou Jan de *trois coups* a lieu, lorsqu'en commençant la partie ou après avoir levé toutes ses dames, on abat six dames de suite, dont cinq dans la première table, et une dans la seconde, à la première flèche, vous n'êtes pas obligé de marquer ce premier Jan : il suffit que vous ayez amené du troisième coup le nombre couvenable pour qu'il vaille quatre points ; et alors vous faites la case qui vous convient dans la table du grand-Jan, en employant, pour cet effet, deux des quatre dames abattues dans la table du petit-Jan.

Le *Jan de deux tables*. Lorsqu'un joueur n'ayant que deux dames abattues, peut aller avec le nombre d'un de ses dés, à son propre coin, et, avec le nombre de l'autre dé, au coin de son adversaire, que celui-ci n'occupe pas encore : ce jan peut se faire une fois successivement par chaque joueur quand il n'y a que deux dames abattues et que les deux coins sont vides : cela s'appelle *battre les deux coins*.

Le *contre-Jan de deux tables*, consiste à battre à faux les deux coins : cela arrive quand le coin de votre adversaire étant garni, vous venez à battre les deux coins. Vous perdez alors autant que vous auriez gagné si le coin de votre adversaire eût été vide.

Le *Jan de méséas*. Quand ayant pris votre coin avec les deux seules dames que vous ayez abattues, et votre adversaire n'ayant pas le sien, vous amenez un ou deux as : dans le premier cas, vous marquez quatre points, et dans le second cas six.

Le *contre-Jan de méséas* a lieu lorsque, dans la circonstance précédente, votre adversaire, a son coin garni : vous perdez alors les points que vous auriez gagnés si son coin eût été vide.

Le *petit-Jan* consiste à faire les cinq cases de la première table, tandis qu'il reste encore deux dames au talon. On peut remplir le petit-Jan de trois façons, et chaque façon vaut six points. On le peut également par doublet, ce qui vaut six points.

Le *grand-Jan* ou *grand-Plein* consiste à remplir les six cases de la seconde table. Ce qui vaut quatre points par simple et six par doublet.

Le *Jan de retour* se fait dans la table du petit-Jan de l'adversaire, où étaient ses dames en pile lorsqu'on a commencé la partie. En remplissant et tant qu'on tient, on gagne les mêmes points qu'au grand-Jan et au petit-Jan.

Lorsque toutes les dames sont passées dans la table du jan de retour, on lève, c'est-à-dire qu'on met hors du Trictrac les dames qui battent sur la bande, que par privilége annexé à ce Jan on compte pour une flèche. Remarquez qu'on doit toujours commencer par les dames les plus éloignées et qu'il n'est permis de lever que celles qu'on ne peut pas jouer. On ne doit d'ailleurs pas jouer tout d'une, à moins que ce ne soit pour conserver le plein. Le joueur qui a levé le premier gagne quatre points, si son dernier coup est simple, et six points si c'est un doublet. Ces points lui restent ainsi que le dé pour recommencer.

Des Dames battues dans les différentes tables.

Chaque dame que vous battez dans la table du grand-Jan de votre adversaire, vous produit deux points, lorsque vous la battez d'une façon par simple; quatre points lorsque vous la battez de deux façons, et six points si vous la battez de trois façons. Par exemple, en amenant quatre et trois, vous pouvez battre, 1° par le quatre, 2° par le trois, 3° par le quatre et trois.

Si vous battez par le doublet d'une façon, vous gagnez quatre points, et huit en battant de deux façons, c'est-à-dire par double doublet. Ainsi, lorsque vous amenez un terne et que vous battez par trois et par six, vous gagnez huit points. Remarquez que d'un seul coup de dé vous pouvez battre trois, quatre dames et même davantage quand elles sont découvertes, tant dans la case du grand-Jan, que dans celle du petit-Jan de votre adversaire.

Chaque dame que vous battez par simple dans la case du petit-Jan vous vaut quatre points, et six points si vous la battez par doublet.

Remarquez que dans cette table vous ne pouvez battre ni de deux ni de trois façons aucune des dames de votre adversaire, à moins que vous n'ayez une ou plusieurs dames passées dans la table de son grand-Jan, comme cela arrive quand on a tenu un grand-Plein. Il en est de même quand on a tenu au petit-Plein et que, pour le conserver, on a été obligé de passer une dame dans la table du petit-Jean de l'adversaire : en ce cas on peut battre de deux ou trois façons. Chaque dame qu'on bat par simple vaut huit points et douze points en la battant par doublet.

Règlement du Trictrac.

1º Les dés étant dans le cornet, il faut les jeter avec assez de force pour qu'ils touchent le rebord voisin de l'adversaire.

2º Dans quelque endroit que tombent les dés, ils sont bons, pourvu qu'ils reposent carrément sur le tablier, c'est-à-dire sur l'une de leurs faces, car s'ils étaient dressés l'un contre l'autre ou appuyés contre l'un des rebords du tablier, de manière à reposer sur l'un de leurs angles, le coup de dés serait à recommencer.

3° Le coup est bon quoique le dé soit tombé sur les dames, les jetons, l'argent, pourvu qu'il soit assis assez d'aplomb, sur l'une de ses faces, pour qu'un autre dé qu'on placerait dessus ne glisse ni ne tombe.

4° Si en jetant les dés il en tombe un dans le compartiment de l'adversaire, en sorte que les deux dés soient séparés, le coup est bon.

5° Il arrive quelquefois que les dés étant lancés très-fort, pirouettent et tournent longtemps, principalement lorsqu'ils sont fort usés; on peut du fond du cornet arrêter le dé qui pirouette sans toutefois influencer sur la face qu'il doit présenter.

6° *Rompre les dés*. C'est renvoyer les dés de son adversaire avec le côté de son cornet, ce qui rend le coup nul : on doit dire alors, *je romps* et porter son cornet en avant. Rompre plus d'une fois est une grossièreté;

quelquefois on convient, préalablement, qu'on ne rompra point.

7º Il est permis de changer de dés autant de fois qu'on le veut et de les agiter dans le cornet plus ou moins longtemps.

VOCABULAIRE DU TRICTRAC.

La grande variété de coups au Trictrac a donné lieu à beaucoup de dénominations bizarres, spéciales à ce jeu et même à ses variétés. En voici le vocabulaire qui facilitera aux commençants l'étude de ce jeu compliqué.

Abattre du bois. C'est prendre les dames du talon.

Accoupler les dames. C'est les mettre deux à deux sur une même flèche.

Adouber. Ce terme, également usité au jeu de Dames, signifie arranger les dames sans jouer.

Aller (S'en). C'est lorsqu'on a gagné un ou plusieurs trous, lever les dames et les remettre en pile, pour recommencer de nouveau.

Ambesas. Amener deux as en jetant les dés.

Avancer son jeu. C'est prendre son coin.

Bander les dames. En mettre trop sur une même flèche.

Bandes. Ce qui entoure la boîte de Trictrac.

Battre une dame. C'est placer une dame sur la flèche où était celle de l'adversaire.

Battre à faux (voyez le contre-Jan de deux tables et le contre-Jan de méséas).

Bezet. Lorsque les dés amènent deux as.

Bois. Expression appliquée aux dames du Trictrac.

Bredouille. Douze points pris au Trictrac. On donne, par extension, ce nom au jeton qui sert à les marquer.

Carme. Lorsque les dés amènent chacun un quatre.

Case. L'endroit occupé par deux dames sur une flèche. On dit : *Faire une case*, remplir une case avec deux dames.

Case de l'écolier. C'est la case la plus proche du coin de repos, autrement la dixième case après la pile ou le talon. La *Case du diable* est la septième case près de la pile.

Casement. L'arrangement des dames au Trictrac.

Coin ou coin de repos. La onzième ou la dernière du grand-Jan.

Coin bourgeois. La case de quine et sonnet, ou la cinquième case après la pile ou talon.

Conserver. C'est être en état de jouer les nombres qu'on a amenés sans être obligé de dégarnir aucune des cases qui forment le plein.

Conserver par impuissance. C'est être dispensé de rompre, parce qu'on a amené des nombres qu'on ne peut pas jouer, faute de passage.

Couvrir une dame. Mettre deux dames l'une contre l'autre pour empêcher que la première puisse être battue.

Dame découverte. Dame seule placée sur une flèche.

Débredouiller. Lorsqu'on a marqué deux jetons, en faire ôter un.

École. Terme fort employé au Trictrac, où l'on dit : *Faire une école, marquer une école.* L'école a lieu lorsqu'on a oublié de marquer les points gagnés, ou qu'on en marque de trop.

École (Envoyer à l'). C'est marquer pour soi autant de points que l'adversaire a oublié de marquer, ou qu'il a marqués de trop.

Empiler les dames. Les mettre en tas sur la première flèche du Trictrac.

Enfilade. Série de dés contraires, résultant d'une position défavorable qui, vous empêchant de jouer vos dames, vous force de les relever, et fait gagner votre adversaire.

Enfiler son adversaire. Lui fermer les passages par où il pourrait couler ses dames.

Étendre le jeu. C'est le disposer de manière à se ménager des dames à jouer pour remplir de plusieurs façons. — Se dit aussi de l'action de s'avancer dans le grand-Jan, afin d'y faire des demi-cases, soit pour prendre plus tôt le coin, soit pour battre celui de l'adversaire et les dames qu'il peut avoir découvertes.

Être double. Le cas où l'on se trouve lorsqu'on ne peut rentrer deux dames, n'ayant qu'un seul passage.

Fichet. C'est un petit morceau d'ivoire qu'on met dans les trous du Trictrac, et qui sert à marquer les parties à mesure qu'on les a gagnées.

Jan. Se dit lorsqu'il y a douze dames abattues et faisant le plein de l'un des deux côtés du Trictrac.

Jan qui ne peut, signifie que le passage d'une dame est bouché.

Jan de six tables ou Jan de trois coups, Jan de deux tables, le petit-Jan, le grand-Jan, le Jan de méséas et le Jan de retour (voyez page 314 et suivantes).

Jetons. Il y en a au Trictrac qui servent à marquer le jeu. On se sert aussi d'un jeton percé et de couleur différente, pour marquer la grande bredouille.

Jouer pour tous. Avancer toutes ses dames.

Jouer tout d'une. Jouer une dame seule et la mettre sur la seconde dame.

Mettre dedans. Cette expression signifie mettre une dame sur la flèche vide qui reste à remplir, afin d'avoir une occasion prochaine de parvenir à former le plein d'une ou de plusieurs façons.

Jan de méséas. Lorsque, sans avoir aucune dame, on a pris son coin de repos.

Passage. Ce mot se dit d'une flèche vide dans le jeu de l'adversaire, par laquelle un joueur peut passer une dame au retour, ou bien c'est une flèche où l'adversaire n'a qu'une dame.

Pile. Dames entassées sur la première flèche.

Plein. C'est la réunion des deux dames sur chacune des six flèches d'une table. Il s'applique également au petit-Jan, au grand-Jan et au Jan de retour.

Point. C'est le nombre qu'on amène en jetant les dés.

Puissance (*Prendre son coin par*). Se dit du droit qu'un joueur a de diminuer son point sur chacun des nombres qu'il a en jouant les dés, afin de pouvoir prendre son coin lorsque l'adversaire n'a pas le sien.

Quine. Coup de dés amenant deux cinq.

Revirade. C'est faire une case sur une flèche vide, avec des dames prises sur des cases déjà faites, et qui laissent une ou deux dames à découvert.

Rompre les dés (voyez le règlement, article 6).

Surcase. C'est une troisième dame sur une case déjà faite.

Table : table du petit-Jan, table du grand-Jan, etc. (voyez page 313).

Talon. C'est la même chose que Pile.

Tenir. Se dit du joueur qui, ayant gagné un trou, ne s'en va pas, ne relève pas ses dames.

Terne. Coup de dés amenant deux trois.

Tout à bas. C'est jouer avec deux dames prises à la pile, les deux nombres qu'on a amenés.

Tout d'une (voyez *Jouer tout d'une*).

LE GAMMON.

Ce jeu, qui portait autrefois le nom de *Toutes-tables*, est très-usité en Angleterre où l'on ne joue point notre Trictrac.

Comme à ce dernier jeu, il faut les quinze dames, le tablier, le cornet, les dés et les fichets. On ne le joue qu'à deux personnes. Cependant chaque joueur peut s'aider d'un conseil.

LE GAMMON.

Placement des dames. Ayant devant vous le Trictrac ouvert, et vis-à-vis de vous votre adversaire, il faut placer deux dames sur la flèche qui est dans le coin, à la droite de votre adversaire et de son côté ; cinq sur la flèche qui est dans l'autre coin à sa gauche, trois sur la cinquième flèche de la table qui se trouve de votre côté et à votre droite, et les cinq dernières sur la première flèche ou lame, qui joint la bande de séparation dans la seconde table, de votre côté et à votre gauche.

Votre adversaire dispose ses dames de la même manière.

Au commencement de la partie, selon les dés que vous amenez, vous pouvez jouer ou les deux dames qui sont dans le coin, à droite de votre adversaire, ou celles qui se trouvent dans le coin à sa gauche, ou bien celles qui sont dans les tables de votre côté, et faire des cases indifféremment dans toutes les tables : afin que vous ne fassiez pas marcher vos dames d'un côté pour l'autre, il importe que les deux dames qui sont dans le coin à droite de votre adversaire viennent jusqu'au coin à sa gauche ; de là vous les passez de votre côté à droite, et les faites ensuite aller, avec tout le reste de vos dames, dans la table située à votre gauche, parce que c'est dans cette table-là que vous devez passer votre jeu, et qu'il est essentiel que vous y passiez toutes vos dames avant d'en pouvoir lever aucune.

Lorsque vous avez fait quelques cases auprès de la pile de votre adversaire, si vous trouvez l'occasion de lui battre une ou deux dames, il faut la saisir. On appelle, comme au Trictrac, *battre une dame*, lorsqu'on met une dame sur la flèche où est placée celle de son adversaire. On peut encore, en passant, battre une ou deux dames avec une seule. Par exemple : vous faites cinq et quatre ; vous jouez d'abord le cinq, et vous battez une dame ; puis de la même dame dont vous avez joué le cinq, vous jouez le quatre ; et vous couvrez, ou bien vous battez une autre dame.

Vous faites sortir du jeu toutes les dames battues, et vous les donnez au joueur à qui elles appartiennent, ou bien il les prend de lui-même, et ne peut plus jouer qu'il ne les ait toutes rentrées.

Chacun doit rentrer les dames qu'on lui a battues du côté et dans la table où se trouve la pile de bois ; mais pour cela il faut trouver des passages ouverts.

De la manière de rentrer. Nous avons dit qu'il fallait que les deux dames, placées à la droite de votre adversaire, allassent à sa gauche, qu'elles vinssent de là à votre droite, et de votre droite dans la table qui est à votre gauche, de votre côté, tandis que les deux dames de votre adversaire suivraient une marche semblable : par conséquent, ces deux dames font la tête ou pile du jeu. Toutes les dames qui ont été battues doivent rentrer par la table où l'on a placé ces *dames-tête,* c'est-à-dire que vous devez rentrer par la table où sont ces deux dames, tables situées, comme nous l'avons dit, à la gauche de votre adversaire.

Il est facile de rentrer à ce jeu ; car non-seulement vous pouvez rentrer sur votre adversaire en le battant, quand il a quelques dames découvertes, mais encore vous pouvez rentrer sur vous-même, et mettre sur une même flèche autant de dames que vous voudrez.

Par exemple, si, n'ayant pas encore joué vos deux dames du coin, ou tête de votre jeu, vous faites un bezet, et que vous ayez quatre dames à rentrer, vous pouvez les mettre toutes sur cette même flèche où sont vos deux dames; si vous avez quelque autre case dans la table de votre rentrée, vous pouvez de même y mettre le nombre de dames qu'il vous plaît. On nomme ces cases-là des *ponts*, parce qu'elles servent à passer et sont fort utiles.

Exemple de la manière de jouer le Gammon. Nous avons vu qu'il y a dans ce jeu quatre piles de dames : 1° celle qui fait la tête du jeu, et qui se compose des deux dames placées dans le coin à droite de votre adversaire; 2° les cinq dames dans le coin à sa gauche; 3° les trois dames qui se trouvent sur la cinquième case de la table que vous touchez à gauche; 4° les cinq dames mises sur la première flèche qui joint la bande de séparation dans la seconde table. Si, du premier coup que vous jouez, vous faites *six* et *cinq*, il faut jouer une des dames de la tête et la mettre sur la seconde.

Faites-vous un *six* et *un as?* jouez un six de votre seconde pile, un as de la troisième, et faites une case.

Avez-vous amené *trois as?* jouez le trois de votre troisième pile, l'as de la quatrième, et faites également une case ; en un mot, il faut tâcher de faire quatre ou cinq cases de suite, autour de vos troisième et quatrième piles, afin d'empêcher votre adversaire de passer les dames de sa tête ou première pile.

Quand vous avez quatre ou cinq cases, si vous pouvez encore caser, gardez-vous d'en manquer l'occasion, et joignez toujours vos cases tant que vous pourrez ; si votre adversaire se découvre, lorsque votre jeu est ainsi avancé, il ne faut point hésiter ; si, au contraire, son jeu était plus avancé que le vôtre, et qu'il se découvrît, il ne faudrait pas le battre, car souvent les bons joueurs tendent des piéges pour faire tomber dedans et gagner ensuite la partie double, ou du moins avoir la simple assurée. Il convient donc d'examiner, avant de battre, si votre adversaire ne pourra pas vous battre à son tour, et, en cas qu'il vous batte, si vous pouvez rentrer facilement.

Manière de lever et finir le jeu. Lorsqu'on a passé toutes ses dames dans la table de la quatrième dame, on lève à chaque coup de dé toutes les dames qui donnent sur la bande du Trictrac. Pour chaque doublet, on lève quatre dames, quand on en a qui donnent justement sur le bord ; si la case que l'on devait lever se trouve vide, et qu'il y ait des dames derrière pour jouer le doublet que l'on a fait sans rien lever, il faut le jouer ; s'il n'y a rien derrière, on lève celles qui suivent la flèche d'où le doublet amené devait partir. Celui qui a le premier levé toutes les dames gagne la partie simple.

On gagne la partie double quand on a levé toutes ses dames avant que l'adversaire ait passé toutes les siennes dans la table de la quatrième pile, et notamment sans qu'il en ait levé une seule. Sans cette dernière circonstance, la partie est réputée simple.

LE BILLARD.

Tout le monde connaît le billard, jeu tellement répandu qu'il n'est pas de village en France qui n'ait son billard bon ou mauvais, mais presque toujours mauvais. Il a pénétré jusque dans les solitudes du nouveau-monde, dans les îles de l'Océanie, à Taïti, à la Nouvelle-Zélande, dans l'Australie, etc.

Il était fort anciennement connu en Angleterre où il a peut-être été inventé; il a été mis à la mode en France par Louis XIV à qui ses médecins avaient recommandé cet exercice après ses repas.

Comme tous les jeux qui jouissent d'une grande vogue, le jeu de billard présente, selon les pays, de nombreuses variétés. Aujourd'hui, et dans les grandes villes de provinces, la partie de *carambolage* a remplacé la partie *au même*. Aussi la plupart des billards sont-ils actuellement sans blouses, et l'on ne joue *au même* qu'au fond des provinces et dans les villages écartés des grandes villes.

Outre la *partie de carambolage* et la *partie française*, il y a la *partie à suivre*, la *partie de bricole*, le *doublet*, la *partie des trois et des cinq blouses*, la *partie de commande*, celle de *décompte*, la *partie russe*, la *partie aux quilles*, la *poule au casin*, la *poule aux quilles*, et enfin la *poule ordinaire* et la *poule au carambolage*.

Avant de décrire ces modifications diverses, nous donnerons les règles universellement reçues du jeu de billard et qui s'appliquent à ces variantes, sauf à indiquer plus tard les règles spéciales de telle ou telle partie. Mais d'abord disons quelques mots de la disposition de la table d'un billard.

Trois choses sont à remarquer dans cette disposition : Les *mouches*, le *demi-cercle* et le *quartier*.

Les mouches, au nombre de trois, sont placées sur une ligne droite tracée au milieu et sur la longueur du billard. L'une de ces mouches est située au centre de la table et les deux autres sont éloignées des petites bandes à un cinquième de la longueur du billard.

Le *quartier*, c'est-à-dire la partie où l'on joue en commençant, est borné par une ligne tirée d'une longue bande à l'autre et passant par la mouche du bas, appelée également *mouche-blanche*, parce que c'est sur cette même mouche que l'on place l'une des deux billes blanches.

La mouche du bas est prise pour centre d'un demi-cercle dont le rayon a environ 17 centimètres.

On place la bille rouge sur la mouche du haut ou *mouche-rouge*. Quant à la troisième bille, elle reste en main à celui qui doit jouer le premier. Il la place, pour commencer une partie, sur un point quelconque du demi-cercle dont nous venons de parler.

Règles générales.

1º Avant de commencer une partie, les joueurs tirent le billard, c'est-à-dire tirent à qui jouera le premier. Pour cela il s'agit de toucher la bande du haut et de revenir vers la bande du bas. Celui qui approche le plus de cette bande a le droit de commencer ou de faire jouer son adversaire avant lui ; mais il ne faut pas que sa bille ait touché celle de son adversaire, il perdrait, dans ce cas, l'avantage du coup

2º Lorsque l'on est en main, c'est-à-dire que l'on joue, il est de rigueur d'avoir le corps et les deux pieds dans le billard. On entend par là qu'on doit être placé entre les deux lignes parallèles que formerait le prolongement des grandes bandes.

3º Lorsqu'un joueur aura joué, n'étant pas dans le billard ainsi que l'indique l'article 2, ou en étant sorti pour ajuster sa queue sur la bille, ou sans avoir un pied par terre (ce qui ne peut avoir lieu qu'en faisant entièrement porter le corps sur la bande), le coup sera bon soit pour la perte, soit pour le gain, car c'est à son adversaire à faire observer la règle du jeu avant de laisser jouer le coup Mais si le joueur a persisté à jouer en enfreignant cette règle, il perdra un point et le coup est nul. Si la rouge a été faite elle est remise sur le point ; si c'est la blanche elle est mise en main.

4° Tout joueur qui est en main est obligé de placer sa bille dans le demi-cercle de 30 centimètres de diamètre, ayant le point du bas pour centre. La rouge, comme nous l'avons dit ci-dessus, se place sur le point du haut.

5° La bille que partage également la raie formant le bas du billard, ou ligne du quartier, est réputée en dedans ; le joueur ne pourra la jouer qu'après avoir touché la petite bande du haut, il jouera de la même manière si les deux billes sont dans le bas du billard.

6° Si le joueur joue la bille de son adversaire sans avoir été prévenu, le coup est valable pour la perte comme pour le gain, mais s'il a été averti, il perdra trois points et les billes resteront dans l'endroit où elles se trouveront sur le billard.

7° Le joueur qui *queute* perd un point. S'il y a eu des points faits ils ne sont pas comptés et les billes restent où elles se trouvent. (Voyez *queuter*, au vocabulaire.)

8° Si après avoir touché sa bille le joueur la pousse une seconde fois, ce qui s'appelle *billarder*, on ne comptera pas ses points s'il en fait, et s'il n'en fait pas il en perdra un.

9° Quand le joueur en main, s'ajustant pour jouer sur une bille du haut, dérange une bille du bas, ce qui arrive surtout lorsqu'il pose sa main sur le tapis pour soutenir la queue, il perd un point et l'avantage du coup. La bille dérangée est remise à sa place.

10° Le joueur qui a manqué de touche perd un point. Cependant, souvent on convient que le manque de touche ne sera point compté comme faute, surtout dans la partie de carambolage.

11° En jouant son coup, ou après l'avoir joué, si le joueur dérange une bille il perd un point et le coup est nul. De plus, l'adversaire a le droit de relever la bille dérangée ou de profiter de la position pour jouer son coup.

12° Dans aucun cas un joueur ne doit déranger les billes de son autorité, il ne peut le faire que du consentement de son adversaire ; faute de quoi celui-ci aura le droit de remettre, approximativement les billes à leurs places.

13° Si celui qui vient de jouer dérange l'une des billes *avant qu'elle soit arrêtée*, il perd trois points s'il n'a rien fait. Si, au contraire il a fait des points ils compteront à l'adversaire. Si c'est la bille rouge qui a été arrêtée, elle sera placée sur sa mouche, si c'est l'une des billes blanches, elle sera remise en main.

14° Celui qui joue avant que les billes soient complètement arrêtées perd un point, et le coup est déclaré nul.

15° Lorsqu'un joueur souffle sur une bille roulante afin de modifier sa marche il perdra un point et sa bille sera remise en main.

16° Le joueur qui fait sauter sa bille hors du billard perd trois points s'il ne touche pas, s'il a joué sur la rouge, et deux points, si c'est sur la blanche. En résumé, s'il a fait des points il en perd autant qu'il en eût gagnés s'il n'avait pas sauté. Le saut ne compte pas à la partie de carambolage.

17° Lorsque deux billes se touchent, et qu'on a vérifié qu'il n'y avait aucun jour entre elles, même à y passer un cheveu, elles sont remises en main.

18° Lorsqu'une bille se trouve tellement près d'une autre bille, qu'elle semble y toucher, le joueur, après s'être assuré du contraire, ne doit pas la jouer sans prévenir son adversaire et l'engager à vérifier lui-même le fait.

19° Lorsque la mouche du haut est occupée par une bille blanche, la rouge est placée sur la mouche du milieu. Dans le cas tout particulier où celle-ci serait également occupée, on la placera à la pénitence. Toutefois elle sera remise à sa place si elle n'a pas été touchée quand l'une des blanches aura été dérangée.

20° Lorsqu'une bille très-près d'une blouse y tombe avant d'avoir reçu le choc d'une autre bille, elle sera remise à la même place et le coup se recommence.

21° Lorsque deux billes se trouveront toutes les deux au-dessus d'une blouse de manière que chacune d'elle empêche l'autre d'entrer, elles sont reputées dedans, et le coup servira pour la perte comme pour le gain.

22° Qui quitte la partie la perd.

23° Lorsqu'un joueur ne jouant plus que pour un point, et que son adversaire, ne s'en rappelant pas, lui accorde un point, cette partie devra être remise en deux points.

LE BILLARD. 337

24º Le joueur qui a perdu la partie a le choix de jouer le premier ou de faire jouer son adversaire.

25º Lorsqu'un joueur a oublié de compter ses points, la galerie a le droit de les rappeler de son chef, soit que les points oubliés proviennent de gain ou de remise faite par l'adversaire.

26º Lorsque les joueurs jouent de l'argent, les frais de billard sont à la charge du gagnant, à moins que le gain soit insuffisant, dans ce cas, les joueurs paient le surplus par moitié.

27º Les coups imprévus sont jugés par la galerie et à son défaut par le maître du billard.

Principes généraux du jeu de Billard.

Ce jeu emprunte aux lois du mouvement, l'une des branches de la mécanique, quelques principes qu'il est utile de connaître et que nous allons développer d'une manière succincte, tout en faisant remarquer au lecteur que nous n'avons point la prétention de lui apprendre à faire des coups, art pour lequel la pratique, un coup d'œil sûr et l'adresse de la main sont indispensables ; mais, néanmoins la connaissance de ces principes peut faciliter les débuts d'un commençant, et c'est dans cette intention que nous les indiquons ici.

Théorie du choc d'une bille contre une autre bille ou contre les bandes du Billard.

Le choc des billes est soumis à certaines lois dont il est indispensable de faire l'application au jeu de billard, si on veut se rendre compte des moyens de diriger une bille vers un point donné.

La première et la plus importante de ces lois est celle qui nous apprend que *l'angle de réflexion* est constamment égal à *l'angle d'incidence ;* ainsi, lorsqu'une bille ayant frappé obliquement la bande du billard et ayant été renvoyée du côté opposé, l'angle que forme avec la bande la ligne droite décrite par la bille, au moment où elle la touche s'appelle *angle d'incidence* et celui qu'elle décrit, lorsqu'elle est renvoyée par cette même bande, est *l'angle de réflexion*. Les *figures 1, 2 et 3* de la planche III, indiquent diverses sortes d'angles de réflexion et d'incidence, il est facile d'y reconnaître la consécration de ce principe fondamental.

La *figure 4* montre, qu'en chassant la bille carrément sur la bande, elle revient sur elle-même formant deux angles droits. En appliquant cette règle générale au jeu de billard, il deviendra plus facile de toucher une bille avec une autre bille par le moyen des bandes.

La *figure 5* montre la marche d'une bille successivement renvoyée par les quatre bandes. On peut y remarquer que tous les angles d'incidence qu'elle forme sont parfaitement égaux aux *angles de réflexion*.

Deuxième loi applicable au choc des billes entre elles. Lorsqu'une bille en rencontre une autre, si l'on tire une ligne droite passant par leur centre, laquelle passera nécessairement par le point de contact des deux billes, cette ligne sera la direction de celle décrite par celle qui a reçu le choc.

En appliquant par l'idée cette loi importante du choc des billes, on se rendra facilement compte des diverses directions que peut prendre la bille choquée (fig. 6, 7, 8). On voit dans la première de ces figures que la bille a rencontré obliquement la bille 6, et que la ligne C, D, passant par leur centre et leur point de contact indique la direction de cette dernière. La différence des points de contact dans ces trois figures montre suffisamment la cause de la différence de leur direction.

Troisième loi, *dans deux corps qui se choquent. L'action et la réaction sont égales dans des directions opposées ou contraires*. Expliquons cette loi. Si vous chassez la bille E sur la bille F (fig. 9), celle-ci sera chassée à son tour, mais elle exercera en sens contraire une réaction sur la bille E; la force de projection sera diminuée d'une moitié qui sera absorbée par cette même bille F, d'où il résulte qu'il faut tenir compte de cette diminution de force dans le chemin que la bille F devra parcourir et y proportionner la force du coup de queue.

Des diverses manières de prendre la Bille.

On peut appliquer le coup de queue au milieu, en bas, en haut, à droite, à gauche ou en tête de la bille. Il en résulte autant de directions différentes qui se modifient suivant qu'on s'approche plus ou moins de la tangente (1).

Figure 10. Bille frappée dans le milieu. Elle décrit une ligne droite devant elle.

Figure 11. Bille frappée très-bas et près du tapis. On imprime de cette manière un mouvement de recul à la bille, elle revient sur elle-même. Plus on frappe bas, plus le mouvement de recul sera prononcé (2).

Figure 12. En la touchant vers la tangente du haut, on obtiendra l'effet contraire, la bille *coulera*, c'est-à-dire, suivra droit.

Figure 13. Si vous touchez sur le côté, à gauche par exemple, vous la ferez revenir vers la gauche en décrivant une ligne courbe, plus vous la frapperez bas, plus vous obtiendrez d'effet.

Figure 14. Si vous touchez la bille sur le côté, à droite, vous obtiendrez les mêmes effets du côté opposé, c'est-à-dire elle reviendra vers la droite en décrivant une courbe.

Figure 15 Toucher la bille en tête. Ce moyen est employé lorsqu'elle est collée à la bande et que l'espace manque pour ajuster comme à l'ordinaire, on frappe donc la bille d'un coup sec en tenant la queue presque perpendiculaire, le mouvement de rotation qu'on lui imprime lui fait décrire une courbe et l'on réussit souvent à la tirer de ce mauvais pas et même à faire le coup que l'on avait en vue.

---

(1) Je suis forcé d'employer ce terme de géométrie pour exprimer mon idée. On nomme *Tangente* une ligne droite qui touche un cercle, ou une ligne courbe, sans les couper.

(2) Ce coup est périlleux lorsqu'on manque de coup-d'œil ou d'adresse, car dans ce cas il peut en résulter une déchirure dans le drap du Billard.

Nous bornerons ici ce court exposé des principes mathématiques qui doivent guider un joueur dans ses premiers essais. La pratique lui enseignera le reste bien mieux que ne pourraient le faire de longs et fastidieux développements.

Partie de Carambolage.

Cette partie se joue ordinairement sur un billard sans blouses; on peut également la jouer sur un billard à blouses, mais dans ce cas, lorsqu'une bille entre dans une blouse le coup ne compte ni pour la perte ni pour le gain.

Elle se joue avec trois billes comme la partie du doublet : deux blanches et une rouge.

Caramboler c'est toucher les deux autres billes avec la sienne. Le carambolage compte pour deux points, à moins de convention contraire; alors il ne compte que pour un point.

Le saut et le manque de touche ne comptent pas dans cette partie, à moins qu'elle n'ait lieu entre de forts joueurs qui ne se passent aucune faute.

La partie se joue en trente points s'il n'y a pas de convention particulière, et en 15 points si les carambolages ne sont comptés que pour un point.

Règlement de la partie de Carambolage.

1º Le premier à jouer ayant placé sa bille dans une portion du demi-cercle dont nous avons parlé plus haut joue sur la rouge et n'a le droit de jouer sur la blanche qu'après avoir touché auparavant la bande du haut.

2º La bille du second joueur ayant été placée sur la mouche, il joue à son tour et peut jouer sur la blanche ou sur la rouge à son choix, quand même elles se trouveraient toutes les deux dans le quartier. Ce droit appartient d'ailleurs à tout joueur dont la bille a été ainsi placée.

3º Un joueur ne cède le tour à son adversaire que lorsqu'il n'a pas carambolé ou lorsqu'il a commis une faute qui lui enlève le droit de continuer.

4º Un joueur ayant sa bille en main pour jouer, s'il arrive que les deux autres billes soient dans le quartier, on relève la rouge que l'on place sur la mouche du haut, et la blanche doit rester à la place qu'elle occupe.

5º Lorsqu'une bille se perd après avoir carambolé, c'est-à-dire si elle saute hors du billard ou reste sur la bande, le carambolage est bon et les points comptent au joueur. La bille est ensuite mise sur la mouche du bas ou dans le demi-cercle dont elle est le centre, et le joueur continue.

6º On ne doit pas compter le carambolage après un coup déclaré nul, et l'adversaire reprend le jeu à son tour.

7º Si, croyant par erreur avoir gagné la partie après avoir carambolé, un joueur dérange les billes, le carambolage lui comptera, mais l'adversaire a le droit de faire relever les billes ou de les faire replacer aproximativement à leur place.

Partie française.

1º La partie française qui se joue peu maintenant, se met en vingt-quatre points, les points ne suivent pas, c'est-à-dire qu'après bille faite, le joueur ne continue pas et ne reprend qu'après le coup de son adversaire.

2º Elle se joue avec trois billes, une rouge et deux blanches, qui sont celles dont se servent les joueurs.

3º La rouge se place sur la mouche du haut. Elle compte à toutes les blouses ainsi que les billes blanches.

4º Après avoir tiré le billard, le premier joueur tire du quartier sur la rouge; le second joueur, si les deux billes sont rentrées, ne peut toucher l'une ou l'autre qu'en frappant la petite bande du haut (coup de bas).

5º Lorsque, la rouge faite, une bille blanche occupe sa place sur la mouche, la rouge se pose sur la mouche comme nous l'avons indiqué page 336.

6º La partie française se joue aussi à quatre; alors deux joueurs jouent de moitié contre les deux autres alternativement, chacun son coup.

7º A trois; si l'un des joueurs fait la *chouette*, il joue deux fois contre une fois des deux autres, et toujours avec sa bille, les deux joueurs jouent alternativement, et tous deux avec la même bille.

8º A trois, chacun pour soi, on joue alternativement; le premier sort en seize points, les deux autres continuent et peuvent remettre la partie. Le carambolage compte pour deux points, la rouge faite pour trois, la blanche pour deux, en sorte que quand on carambole et que la rouge est faite, on compte cinq, et quand c'est la blanche, on compte quatre et en carambolant si l'on fait la rouge et la blanche on compte sept. Quand on se perd, les mêmes points comptent pour l'adversaire.

9º Dans la partie à trois, chacun pour son compte, il n'y a point de coup de bas; la bille rouge rentrée au quartier se replace sur la mouche du haut, et les coups comptent comme nous venons de le dire plus haut.

Partie à suivre.

1º Cette partie se joue en vingt-quatre points à deux joueurs.

2º Elle se joue comme la précédente, excepté que chaque joueur continue de jouer tant qu'il fait des points.

3º Elle se joue aussi à quatre, en vingt points. Alors chacun des joueurs en second ne remplace son *partenaire* qu'après que celui-ci a perdu deux points, par sa propre perte, deux manques de touche, ou une bille faite par l'adversaire.

4º A trois, elle se joue comme la partie française, avec cette différence toujours, que l'on ne discontinue pas de jouer tant que l'on fait des points.

Partie de bricole.

1º Toutes les règles précédentes sont applicables à cette partie, sauf les exceptions suivantes :

2º Elle se joue en seize points à deux joueurs, en douze à quatre, et à trois joueurs dont l'un fait la chouette.

3º Le joueur est obligé de toucher une des bandes avant de frapper la bille sur laquelle il joue, soit pour la faire, soit pour aller caramboler.

4º Le joueur qui touche une bille avant d'avoir touché la bande, perd un point; s'il se perd ensuite sur la blanche, deux points de plus, et sur la rouge trois points de plus.

5º Si le joueur fait des points en frappant une bille sans avoir touché la bande préalablement, ces points comptent pour l'adversaire.

Partie de doublet.

1º Les règles de la partie à suivre sont applicables à celle-ci, sauf les exceptions suivantes :

2º Elle se joue en seize points.

3º Aucune bille ne peut être faite qu'en la doublant; pour cela il faut que la bille sur laquelle on joue frappe une bande et aille dans une blouse opposée. Ou encore lorsque, par *contre-coup*, une bille, ayant frappé sur une bande, rencontre une autre bille qui la renvoie dans une blouse de la bande frappée, les coups de bricole et de talon sont interdits; les coups durs et les contre sont bons.

4º Toute bille faite au même est nulle.

5º Tous les carambolages sont bons.

Partie de commande.

Elle se joue comme la partie à suivre, mais le joueur ne peut jouer que sur la bille que lui désigne son adversaire.

Le joueur qui commande nomme quelquefois les deux billes, alors le joueur a le choix de celle qu'il tirera.

Une bille étant commandée, si le joueur manque de touche, sur cette bille avec l'intention évidente de perdre un point, son adversaire a le droit de le faire recommencer, s'il n'a pas touché la bande la plus voisine de cette bille.

Partie des trois blouses.

Pour jouer cette partie, on divise le billard dans sa longueur en sorte qu'il se trouve trois blouses du côté droit et autant du côté gauche. Les joueurs tirent le billard et celui à qui est échu le côté gauche laisse l'avantage à son adversaire.

La partie se joue en vingt-quatre points avec deux billes blanches et une rouge.

Les points que fait chaque joueur ne comptent comme gain qu'autant qu'il les fait dans ses trois blouses; s'il fait une bille dans les blouses de son adversaire, ou s'il s'y perd, les points et la perte comptent à ce dernier.

Le joueur qui se perd dans une de ses blouses, sans avoir touché, perd un point.

S'il se perd dans les mêmes blouses après avoir touché la blanche il gagne deux points; 3 s'il a touché la rouge; 4 s'il se perd après carambolage; 6 points s'il fait la rouge et se perd.

Lorsque le joueur se perd sur un coup de 4, il compte six points; 7 s'il se perd sur un coup de 5; et neuf sur un coup de 7. Il est toujours entendu qu'il doit faire ces points dans ses blouses.

Partie des trois blouses sauvées ou des cinq blouses.

Cette partie a beaucoup de rapports avec la précédente. Les joueurs conviennent qu'ils ne compteront que les points qu'ils feront dans une ou plusieurs blouses qu'ils ont désignées d'avance. Les points faits dans les autres comptent à l'adversaire. Les règles sont les mêmes que pour la partie des trois blouses. Cette partie se joue en vingt points. Lorsque les joueurs se sauvent réciproquement cinq blouses, la partie se joue en douze points à la française, et seize points à suivre.

Partie du décompte.

Elle se joue comme la partie à suivre, mais le joueur doit faire les vingt-quatre points sans que son adversaire ait fait une bille ou un carambolage. Si ce joueur se perd ou manque de touche deux fois de suite, il décompte. Lorsque son adversaire fait une bille ou un carambolage, celui qui décompte perd tous ses points, tandis que son adversaire conserve les siens.

Partie russe.

1° Cette partie se joue à cinq billes, une rouge, une bleue, une jaune et deux blanches.

2º La bille rouge se place sur la mouche du haut, la jaune sur celle du milieu, la bleue se place sur la mouche du bas.

3º Si, en donnant son acquit, le joueur touche une ou plusieurs billes, il perdra autant de points qu'il en aura touché. Les billes dérangées seront remises à leur place et l'acquit recommence.

4º Le second joueur ne doit tirer que sur la bille de l'acquit; — si le joueur en touche d'autres en jouant, il perd les mêmes points qu'à l'art. 3; et s'il arrive qu'il fasse l'une des billes, ou qu'il carambole, il perd autant de points qu'il en aurait gagnés.

5º Si après bille faite, celle du joueur occupe la mouche, la bille faite sera placée au milieu et à 6 centimètres de distance de la bande la plus éloignée de la bille du joueur. Si la bille de celui-ci se trouvait à la hauteur des blouses du milieu, la bille serait mise à la pénitence.

6º La bille rouge et la bille bleue ne peuvent être faites qu'aux quatre blouses des coins; elles comptent alors *quatre points*. Faites partout ailleurs, elles en font perdre autant.

7º La jaune ne peut être faite qu'au milieu, et compte six points; si on la fait ailleurs, on perd de même six points.

8º La blanche peut être faite partout, et compte deux points.

9º Le carambolage est bon sur toutes les billes, et compte deux points.

10º On continue de jouer tant qu'on fait bille ou carambolage.

11º Cette partie se joue en quarante points et à suivre.

Poule à deux billes.

1º Les règles de ce jeu s'exercent à la rigueur sans concessions.

Les joueurs rangés autour du billard, le garçon met, en leur présence, dans le panier, un nombre de billes numérotées égal à celui des joueurs, et il les distribue successivement une à une, en commençant par la droite sans interruption. Ces billes numérotées servent à fixer l'ordre dans lequel les joueurs seront appelés.

Les personnes qui se présentent pour faire la poule après la distribution des numéros, ont la faculté, si elles n'étaient pas présentes au tirage des billes, d'en faire partie en prenant le numéro suivant immédiatement le dernier, et si l'on a commencé, en prenant autant de marques que la bille la plus marquée en a. Cette faculté n'existe plus lorsqu'il y a une bille morte.

Le joueur dont la bille est morte avant qu'aucune autre soit marquée, peut, avec le consentement unanime des joueurs, la reprendre sous le même numéro en déposant une nouvelle mise.

Le joueur qui a le numéro 1 donne l'acquit.

L'acquit, pour être bon, doit être donné d'un seul coup de queue, pourvu que la bille passe les blouses du milieu. Si le joueur trouve sa bille mal placée, il peut la mettre à la pénitence. Lorsqu'elle n'a pas dépassé les blouses du milieu, elle y est mise de droit.

Le n° 2 joue sur l'acquit avec la seconde bille ; le n° 3 joue avec la bille de l'acquit, et appelle le n° 4, qui joue la bille du n° 2 et ainsi de suite.

Après chaque bille faite, le numéro suivant donne son acquit ; mais lorsqu'il n'y a plus que deux joueurs, celui qui fait la bille donne l'acquit.

Sont fautes et punis d'une marque les coups suivants :

1° Lorsqu'on manque de touche ;
2° Lorsque la bille du joueur saute hors du billard ;
3° Lorsqu'on arrête une bille qui roule ;
4° Lorsqu'on dérange une des deux billes ;
5° Lorsqu'on ne se présente pas après avoir été appelé trois fois par le garçon ;
6° Lorsqu'on donne au joueur des conseils pour jouer son coup ;
7° Lorsqu'on avertit quelqu'un des joueurs de *prendre à faire*. Dans ce cas le joueur qui aura donné l'avertissement sera marqué et non la bille faite ;
8° Quand on prend à faire et qu'on ne fait pas bille ;
9° Un joueur dont la bille est morte, peut rentrer dans la poule s'il trouve à racheter la bille d'un autre ;

10° Nul ne peut vendre sa bille qu'à une personne qui a pris part à la même poule, et dont la bille est morte ;

11° Celui qui a vendu sa bille n'en peut racheter une autre dans la même poule, tant que celle qu'il a vendue est encore existante sur le tableau ;

12° Toute bille vendue est prise telle qu'elle est ;

13° Si les billes en repos sont dérangées par une personne étrangère à la poule, elles seront remises à leur place par le maître du billard et selon l'avis de la galerie ;

14° Lorsque la bille sur laquelle on joue a sauté, le coup est nul ; les billes sont relevées et l'acquit donné par le joueur suivant ;

15° Tout coup joué et consommé par un joueur que son numéro n'appelait pas, lorsqu'il a joué sans réclamation, est bon, et le joueur qui vient après lui joue immédiatement ;

16° Le dernier restant des joueurs gagne la poule ;

17° On meurt jusqu'à six joueurs, en quatre marques ;
De sept à douze inclus, en trois marques ;
De douze à vingt, en deux ;
De vingt et au-dessus, en une.

De la prise à faire.

La prise à faire est un droit que tout joueur à la poule peut exercer.

Il consiste à jouer le coup d'un autre en s'engageant à faire la bille sur laquelle on joue :

1° Tout joueur a le droit de prendre à faire en l'annonçant à haute voix ;

2° Si plusieurs joueurs veulent prendre à faire, celui qui aura parlé le premier jouera ;

3° Celui que son numéro appelle à jouer, a toujours le droit de garder à faire, mais il court la chance des autres, et est marqué s'il ne réussit pas ;

4° Tout joueur qui a pris à faire est marqué si la bille n'est pas faite,

5° Quand on a pris à faire, que la bille soit faite ou non, le joueur suivant donne l'acquit.

Partie de la Poule aux quilles.

De même qu'à la poule ordinaire, on distribue aux joueurs un numéro qui indique leur rang à jouer.

Tous les joueurs étant rangés autour du billard, le marqueur met dans un panier seize boules marquées des numéros 1 à 16 et, après les avoir mêlées, les distribue aux joueurs en suivant l'ordre dans lequel ils sont rangés et en commençant par sa droite. Il doit les donner de manière qu'on ne puisse apercevoir le numéro.

On a le droit d'entrer dans la poule tant que le nombre des joueurs ne s'élève pas à seize et qu'il n'y a aucun mort.

Chaque joueur rendra sa boule au marqueur, après le premier coup de queue. Le nombre porté sur cette boule que le joueur et le marqueur doivent seuls connaître, forme un premier degré pour arriver à 31, nombre nécessaire pour gagner la poule, au moyen des autres points que lui procureront l'abattage des quilles et dont le marqueur tient le compte, mais si ce nombre dépasse 31, le joueur est déclaré mort. Il faut donc jouer avec précaution quand on approche de 31, et avoir grand soin d'additionner la valeur des quilles qu'on renverse avec le numéro de sa boule.

On joue cette poule avec trois billes et cinq quilles. Ces quilles doivent être placées ainsi sur leurs mouches numérotées.

$$3.$$
$$4. \quad 5. \quad 2.$$
$$1.$$

(Côté du bas.)

Le n° 5, la quille du roi, est un peu plus haute que les autres. La distance des quilles entr'elles doit être celle qui est nécessaire pour le passage d'une bille.

1° En commençant on place une bille sur la mouche de la pénitence, les deux autres sont en main.

2° Le joueur n° 1 jouera sur la bille de la pénitence en se plaçant dans le *quartier* comme à la poule ordinaire.

3º Le joueur ne donne qu'un coup de queue à chaque tournée.

4º Les quilles abattues seront comptées au joueur pour le numéro de leur mouche. Par exemple celui qui renverserait quatre quilles sans atteindre celle du roi qui vaut cinq, ne compterait que dix points.

5º Les deux premiers coups joués, le joueur nº 3 choisira la bille qui lui convient le mieux. Les joueurs suivants feront de même.

6º Les points des quilles abattues comptent au joueur quand même il se serait perdu.

7º Lorsqu'un joueur atteignant le chiffre voisin de 31 craint de dépasser ce nombre, il peut rester au point qu'il a en disant : *je m'y tiens*, pourvu qu'il vienne d'abattre une ou plusieurs quilles et avant le coup du joueur suivant.

8º Le joueur qui aura usé du droit de s'y tenir continue à jouer, mais les points qu'il fera ne compteront qu'à celui après lequel il aura joué.

9º Si un nouveau joueur déclare également s'y tenir, il sera mort si son point est inférieur ou même égal à celui qui a demandé à s'y tenir avant lui, mais s'il est supérieur (toujours sans dépasser 31), c'est le premier qui meurt.

10º Le joueur qui s'y est tenu ne gagnera la poule qu'autant que les autres auront dépassé le nombre fatal de 31.

11º Lorsqu'il n'y aura plus que deux joueurs à la poule et personne n'ayant déclaré s'y tenir, la poule appartiendra au joueur survivant, quelque soit le nombre de points qu'il aurait encore à faire pour arriver à 31.

12º Celui qui fait 31 doit le déclarer à l'instant et avant que celui qui suit ait joué; sinon, il reviendrait à 30 avec le droit de s'y tenir.

13º Une quille abattue ou déplacée ne doit être remise sur la mouche qu'après le coup terminé.

14º Lorsqu'un joueur dérange une bille, les points qu'il aurait pu faire sur le coup seront nuls.

15º Les points que peut faire un joueur qui joue hors son tour, n'ayant pas été appelé par le marqueur, seront nuls. Si au contraire il a été appelé par erreur, les points une fois le coup de queue donné, seront bons et le joueur à qui ce numéro appartenait reprendra son tour ensuite.

16º La bille du joueur qui a manqué de touche doit être replacée sur les mouches; il en est de même pour le saut et pour les billes qui se touchent. On la met également sur la mouche lorsqu'elle empêche le placement d'une quille.

17º Un joueur ne comptera pas de points s'il fait sauter sa bille hors du billard, même quand elle resterait sur la bande.

18º Il en sera de même si sa bille renverse des quilles avant d'avoir touché une autre bille.

19º S'il renverse des quilles en ajustant ou après avoir joué; s'il touche ou dérange une bille.

20º S'il queute ou billarde. (Voyez la règle générale nº 7 et 8.)

21º Un joueur est déclaré mort lorsqu'il laisse passer deux fois de suite son tour sans jouer. — Il encourra la même punition s'il arrête volontairement une bille.

22º Les associations entre joueurs sont formellement interdites. — Ils ne pourront échanger leurs numéros. — Et dans aucun cas une bille ne peut être vendue ou cédée à une personne étrangère à la poule.

Poule au carambolage.

Le règlement de cette poule est le même que celui de la poule ordinaire, sauf les modifications dont on doit convenir avant de commencer la partie; par exemple : si le saut hors du billard et le manque de touche compteront pour la marque, vu que dans la partie de carambolage ordinaire, il est d'usage de ne point les compter. On fixe aussi le nombre de marques après lequel on est mort.

La rouge étant placée sur son point ordinaire, le joueur qui donne l'acquit, et qui a sa bille en main, ntâche, en touchant la rouge, de donner le coup de bas. La troisième bille appartient au 2e joueur. Chaque carambolage vaut un point.

Poule au Cazin.

On donne le nom de *Cazin* à une troisième bille ou à une quille que l'on place sur la mouche du milieu, avant de commencer la partie. Elle tient lieu de blouse, et toute bille qui la touche prend marque.

L'acquit étant donné par le n° 1, le n° 2 joue et cherche à faire toucher le cazin par la bille sur laquelle il joue, s'il y réussit c'est le n° 1 qui prend marque, mais si au contraire il le touche avec la sienne, c'est lui-même qui prendra marque.

Il est nécessaire de convenir avant de commencer, si on replacera le cazin sur sa mouche ou si on le laissera où il se trouve.

Au reste, ce jeu se joue comme la poule ordinaire, sauf la modification du Cazin ; le règlement est le même.

VOCABULAIRE DES TERMES USITÉS AU BILLARD.

Bandes. Bords de la table du billard. Il y en a quatre, deux petites et deux grandes.

Bas. Partie inférieure du billard, depuis la petite bande jusqu'à la corde ; les billes s'y trouvant rentrées constituent le *coup de bas.*

Basin (bille au). C'est croiser une bille qui se trouve près d'une grande bande, et qui va dans la blouse opposée en décrivant une diagonale.

Billarder. Toucher sa bille deux fois ; cette faute fait perdre un point. (Voyez le n° 8 des *règles générales*).

Billes. Boules d'ivoire avec lesquelles on joue au Billard. Il y en a de diverses couleurs pour les différentes parties.

Bille coupée ou *au coupé.* Bille touchée d'un coup sec qui l'effleure de façon à la pousser sur une ligne droite qui forme angle avec la direction de la bille choquante. Si le coup avait assez de force, la bille serait croisée.

Bloquer une bille. L'envoyer directement dans une blouse en la frappant fortement avec la sienne.

Blouses. Six cavités, dont quatre sont aux quatre coins de la table, et les deux autres au milieu des deux grandes bandes.

Blouser (se). Faire aller sa propre bille dans une blouse.

Bricole. Jouer en bricole ou de bricole, c'est frapper une bande quelconque avant la bille que l'on veut toucher.

But. Le but, à proprement parler, est l'espace renfermé par un demi-cercle d'un pied de diamètre environ, et la ligne qui sert de limite au quartier. À la partie française, le but est seulement dans ce demi-cercle, mais dans les autres parties, telle que la poule, le but s'étend dans tout le quartier.

Cadette. Queue plus longue et plus large qui sert pour les coups éloignés des bandes.

Carambolage. Action de toucher successivement deux billes avec la sienne.

Chouette (faire la). Jouer seul contre deux partenaires, et donner ainsi deux coups de queue, tandis que chacun d'eux n'en donne qu'un.

Coller une bille. La jouer de manière qu'elle s'arrête très-près d'une des quatre bandes.

Contre-coup. Il y a contre-coup, ou simplement *contre*, lorsque la même bille en frappe une autre deux fois.

Corde. Nom de la ligne blanche faite à l'aiguille sur le tapis, pour marquer la limite du quartier d'en bas.

Corder (se). Placer la bille de façon à ce qu'elle ne dépasse pas la corde, et rentrer ainsi sa bille dans le quartier.

Coup de bas (donner le). Faire entrer les billes dans le quartier, pendant que l'adversaire est en main, de sorte que celui-ci ne puisse tirer dessus avec la sienne qu'en doublant le billard.

Coup dur. Lorsqu'une bille est collée contre une bande et qu'on la frappe avec une autre suivant la direction qui passe par son centre, elle reste en place, et l'autre bille revient sur elle-même vers le point d'où elle était partie. C'est ce qu'on appelle coup dur.

Croiser. Envoyer une bille contre une bande d'où elle

revient vers la bande opposée, tandis que sa propre bille, après avoir choqué celle de l'adversaire, va frapper la bande adjacente, et croise en revenant la ligne que suit l'autre bille.

Doubler le billard. En faire parcourir deux fois la longueur à une bille.

Doubler une bille. C'est, en frappant celle de son adversaire, l'envoyer contre une bande d'où elle revient s'arrêter contre la bande opposée. On dit aussi doubler une bille lorsqu'on lui a fait frapper la bande opposée à la blouse dans laquelle elle vient tomber.

Doublet. Bille faite après avoir frappé une bande dont l'élasticité l'a renvoyée dans la blouse opposée.

Droite (bille). La bille est droite lorsque les deux billes et la blouse sont sur la même ligne.

Fausse queue (faire). Frapper une bille avec l'angle de la queue, ce qui lui fait prendre une direction différente de celle qu'on se proposait de lui donner.

Main (être en). Un joueur est en main lorsque sa bille vient d'être faite par son adversaire, ou qu'il s'est perdu lui-même.

Masse. Gros bout de la queue.

Masser. La bille étant collée, la *frapper* d'un coup sec en tenant la queue presque perpendiculaire.

Mise ou. A la poule on achète, *mise ou*, c'est-à-dire que l'on donne la mise à celui qui vous vend, si l'on perd, ou on partage la poule avec lui, si l'on gagne.

Moitié partout. A la poule, un joueur achète moitié partout la bille d'un autre, quand il lui assure d'abord la moitié de sa mise, et qu'en outre il lui promet de partager la poule en cas de gain.

Mort. A la poule le joueur est mort quand sa bille a été faite le nombre de fois prescrit par les règles ou les conventions.

Mouche. Point indiqué sur le tapis par une petite rondelle de taffetas ; il y a quatre mouches, l'une au milieu du but, une autre au milieu du billard, une troisième vers l'extrémité du haut et une quatrième enfin tout près de la petite bande, dont elle est éloignée d'une distance égale à deux fois le diamètre d'une bille. C'est sur cette dernière qu'à la poule on met la bille de l'acquit à la pénitence.

Pénitence (mettre une bille à la). La placer sur la mouche la plus près de la petite bande du haut.

Perdre (se). Envoyer sa propre bille dans une blouse.

Quartier. Espace compris entre la mouche et la bande du bas. C'est de là que les joueurs commencent à tirer.

Queue. Instrument dont on se sert pour jouer.

Queuter. Conduire sa bille avec la queue après l'avoir frappée du bout.

Raccroc. Points faits sans avoir été prévus.

Ratelier. Chassis muni dans le haut d'une planche garnie de trous faits pour placer les queues.

Talon. Gros bout de la queue.

Talon (coup de). Ce coup consiste à toucher la bande avant la bille sur laquelle on joue.

FIN.

TABLE DES MATIÈRES.

Origine des cartes. 5
Conseils aux joueurs. 11
Le Piquet. 20
L'Impériale. 51
L'Écarté. 59
Le Whist.. 65
Le Boston. 108
La Bouillotte. 122
Le Reversis. 133
La Triomphe. 149
Le Rams. 152
Le Briscan, Brisque ou Mariage. . . . 154
Le Besigue ou besi. 161
La Mouche. 169
Le Mistigri. 176
Le Smoojas. 177
Le Commerce. 185
Le Romestecq. 190
La Tontine. 195
Le Vingt-et-un. 190
Le Trente-et-un. 202
Le Brelan de famille. 202
La Ferme. 206

TABLE DES MATIÈRES.

Le Nain jaune ou jeu du Lindor. 209
L'As qui court. 214
Le Lansquenet. 215
Le Loto. 222
Les Échecs 226
Jeu de Dames. 260
Le Domino. 297
Le Trictrac. 310
Le Gammon.. 326
Le Billard. 333

FIN DE LA TABLE.

Le Mans, imp. ÉTIEMBRE & BEAUVAIS.

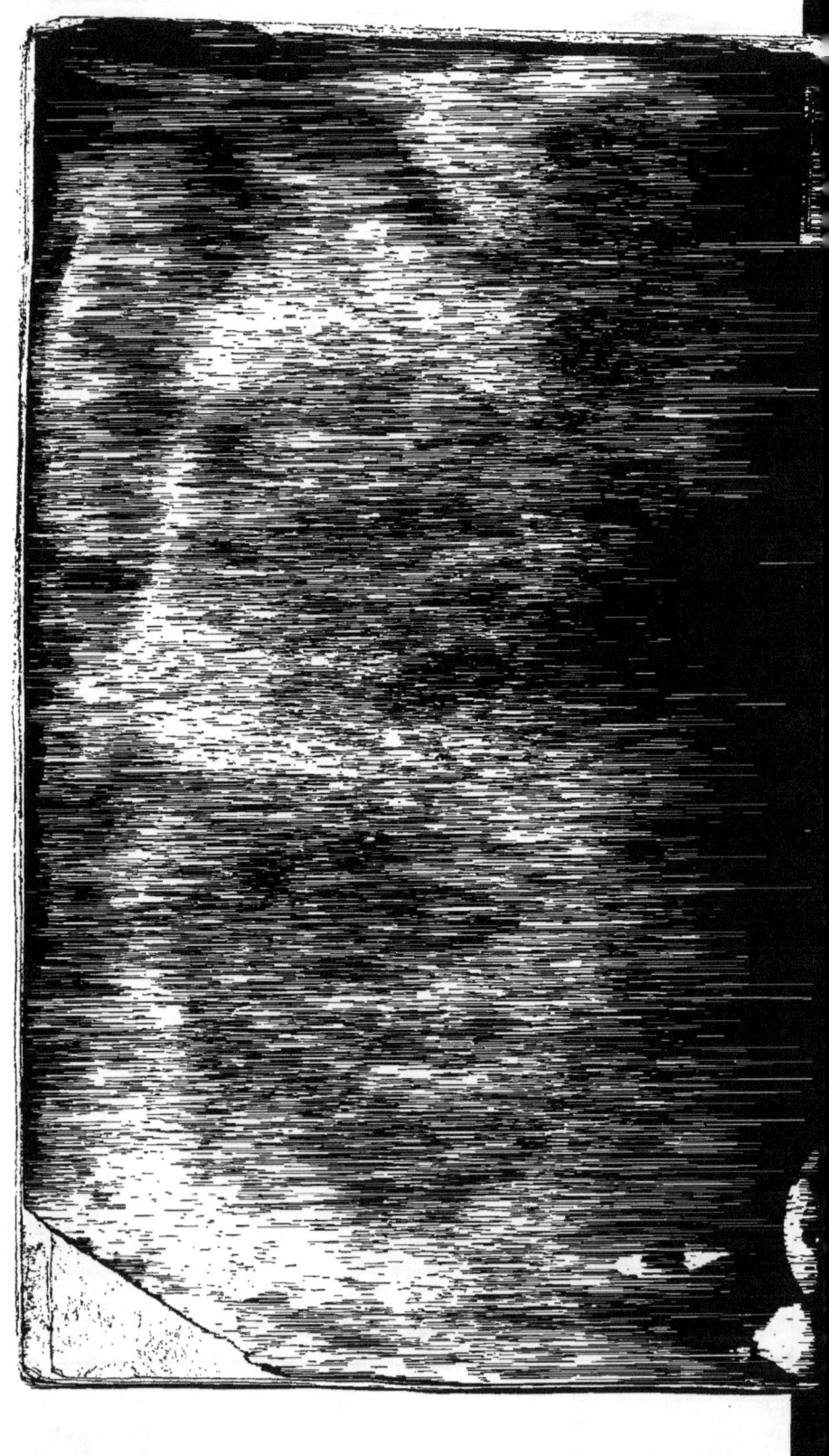

www.ingramcontent.com/pod-product-compliance
Lightning Source LLC
Chambersburg PA
CBHW070851170426
43202CB00012B/2032